トップ1%の
人だけが
知っている

「若返りの真実」

医療法人社団 医献会 理事長
辻 直樹
俣野成敏

日本経済新聞出版

はじめに

「トップ1%の人たち」

この言葉を聞いて、あなたはどんな人たちのことを想像するでしょうか?

巨万の富を持つ大富豪。
グローバル企業のトップ経営者。
あるいは世界で活躍するトップアスリート、トップアーティストたち。

いろいろな〝トップ1%像〟があることでしょう。

私たちが本書で言及したいトップ1%の人たち、それは簡単に言ってしまえば、**「いつまでも若々しく、エネルギッシュに生き、最後まで人生を謳歌《おうか》する人」**です。

そして、こうした人たちが結果的に「富」も、高い**「QOL（Quality Of Life：クオリティ・オブ・ライフ）」**も手に入れ、幸福な老後を過ごしていくと考えるのです。

「幸福な老後？　それは老後資金＝お金のことだけ考えていれば必要十分でしょう？」

「まず何よりも大切なのは、生きていくための資金」

そう思う方も当然いるでしょう。

かく言う私もずっとそう考え、マネーリテラシーと真剣に向き合ってきました。

その結果として、『トップ1％の人だけが知っている「お金の真実」』（日本経済新聞出版、2015年）など、これまでマネー系だけで4冊の出版につながったのも事実です。

もちろん、老後対策としてお金の問題が重要事項であることは、今後も揺らぐことのない現実です。その証しとして、老後資金は、さまざまな機関の調査で「人生5大支出」の1つにランクインしています。

一方で、こう考える方もいるでしょう。

「老後資金は、リタイアするから必要になるのであって、死ぬまで働けば問題ないのでは？」

しかしそれは「簡単なこと」ではありません。

後で詳しくお話ししますが、**平均寿命は年々延びていても、健康寿命（不自由なしに動ける状態）がそれに追いついていない……それが今の日本の姿であり、私たちはそのまま「人生100年時代」に突入した**というわけです。

昭和の古き良き時代には、社会インフラというレールに乗ってさえいれば、「老後資金がある」状態に持っていくことは、比較的容易でした。

終身雇用、十分な退職金や公的年金、高利の預金利息などの社会インフラが、多くの人たちに必要な老後資金をもたらしてくれたからです。

さらには、老後が今ほど長く続くものではなかったので、考えるべき老後期間が短いことから、老後資金の算段が立てやすく、高い〝老後ＱＯＬ〟を謳歌することが今と比べて容易でした。

これからの時代は、「十分な老後資金」と「死ぬまで働くための健康」の両方を、自己責任として考えていかなければならない時代です。

安心してリタイアするためには「老後資金がある」状態を作り、リタイアせずに心置きなく働くためには**「健康がある」状態を保つ必要**があります。

本書でいう「トップ1％」の人たちは……。

命が尽きる直前まで働き、ハイパフォーマンスと高いQOLを維持し、当然の結果としてお金を生み出し続けることができている彼ら彼女らは、当然のことながら「好きなだけ働くための健康」を手にしています。

それは具体的に言えば、アンチエイジングによる**「高いエネルギー値」**。

この**エネルギー値の高さこそが、トップ1％の人たちの「若々しさ」の秘密**なのです。

本書ではその秘密を解明していくとともに、あなた自身の幸せな老後、あなたの人生におけるQOLについて一緒に考えていきます。

「老後は高級老人ホームで悠々自適に暮らす」
「手厚い介護を受けることが望み」
そんな**これまで当たり前とされてきた「理想の老後」を目指す必要はありません**。

本書で医学的な見地から、全面的に貴重なお話をいただいたのは、医療法人社団医献会　辻クリニック院長・辻直樹医師です。辻先生が院長を務める「医療法人社団医献会　辻クリニック」は、東京都千代田区麹町に開業しており（２０２４年９月現在）、クライアントのＱＯＬを高めることを第一に、アンチエイジング治療や予防医療で「病気にならない身体づくり」を目指すことをミッションに、最先端医療の治療を行っています。なお、辻クリニックは２０２４年11月に東京都港区虎ノ門の神谷町プレイスへの移転を予定しています。

辻先生は、老化を治療するための統合医療について、二十数年にわたって独自に研究を積み重ねてきたアンチエイジング医療の第一人者であり、「病気にならない」「衰えない」身体を作る細胞レベルの解毒治療をコンセプトに、水素をいち早く治療に取り入れた医献会の理事長です。

日本のビジネス界をリードするトップ経営者、レジェンド経営者。さまざまなメディアを賑わす気鋭の若手起業家。メジャーリーガーをはじめとした世界で活躍するプロアスリート。いくつになってもファンを熱狂させ、ライブツアーを大成功させるミュージシャンといった、誰もがその名を知るハイパフォーマーから、政治家、果ては各国の王族まで……。まさに世界の「トップ1％」の人々が、口コミで辻先生のクリニックを訪れ、1日でも長くハイパフォーマンスを維持するためのアンチエイジング治療を受けています。

本書の第1章から第4章では、辻直樹先生が、日々医療の現場で、私を含めたクライアントに実際に行っている、さまざまなアドバイスを書き記しています。本書をお読みいただくことで、あなたもきっと、**健康は「あるもの」ではなく、「作るもの」である**ことにお気づきになることでしょう。

第1章では、現在の日本の医療、健康の常識とされているものを再認識していきます。

第2章では、トップ1％の「いつまでも若々しく、エネルギッシュでいる」ためのメカニズムを見ていきます。

第3章では、トップ1％のＱＯＬ、「生きること」「死ぬこと」の価値観についてお話しします。

第4章では、人間の身体がすべての源となる「エネルギー」を生み出す仕組みについてお話しします。

第5章は、対談形式で「健康へ投資する」という概念をあらためて見直していきます。

私もそうであったように、あなたも目から鱗を落としながら、健康や若々しさについて意識改革することで、人生のＱＯＬを高められるでしょう。

本書がその一助になれるなら、これ以上の喜びはありません。どうぞ最後までお楽しみください！

保野　成敏

トップ1%の人だけが知っている「若返りの真実」

目次

第1章 日本の「医療」は今……。

第2章

トップ1%の「気・能・美」

第3章

トップ1%の「QOL」

第4章 トップ1%の「アンチエイジング」

第5章 トップ1%の「カラダ投資」

第1章

日本の「医療」は今……。

「日本の医療」に疑問はないか？

「日本は長寿大国。これも医療制度が充実しているおかげだ」

「日本人は健康に対する意識が高いね」


あなたは、そう考えたことはないでしょうか。

たしかに日本の医療制度には、たくさんの長所があります。

健康保険制度が国全体に行き渡っていることによって、病気になったりケガに見舞われたりした際も、高額な医療費を請求されることなく、病院の医師から治療を受けることができます。

日々、医療技術は進歩し、医薬品も開発され、病院設備も充実している。さらには地域に密着した医療サービスも各種整えられ、これもまた病気やケガの場合には非常に安心な要素です。

そうしたことを背景に、日本人の平均寿命は延び続けている……。

もちろん、誰もが高額な治療費を払うことなく病院に行けることや、充実した医療技術が存在することは喜ばしいでしょう。しかし、**長い平均寿命、「長生き」の内容を、私たちはいま一度考えてみる**必要があります。

「健康寿命」という言葉を、耳にしたことがあるのではないでしょうか。

単純に「寿命」と言えば、それは「この世からいなくなるとき」、つまり死を迎えるときです。それに対して健康寿命とは、**日常生活を入院や介護の必要なく送れること、すなわち自立した生活を続けられる**ということ。

つまり歳を重ねて、自分で動けなくなった、生活に介護が必要になった、いわゆる〝寝たきり〟になったときに、自身の健康寿命は尽きるということです。

厚生労働省の「令和4年（2022年）簡易生命表」によると、日本の平均寿命は男性が81・05歳、女性が87・09歳です。前年よりも平均寿命は男性が0・42

年、女性が0・48年下回りました。

また、同省が2019年に発表した平均寿命と健康寿命の比較を見ると、図表1と2のような結果でした。

図表1 2019年の日本の平均寿命と健康寿命

● **平均寿命**

男性	81.41歳
女性	87.45歳

● **健康寿命**(日常生活に制限のない期間の平均)

男性	72.68歳
女性	75.38歳

出所:e-ヘルスネット「平均寿命と健康寿命」
https://www.e-healthnet.mhlw.go.jp/information/hale/h-01-002.html

図表2 2019年の日本の平均寿命と健康寿命の差

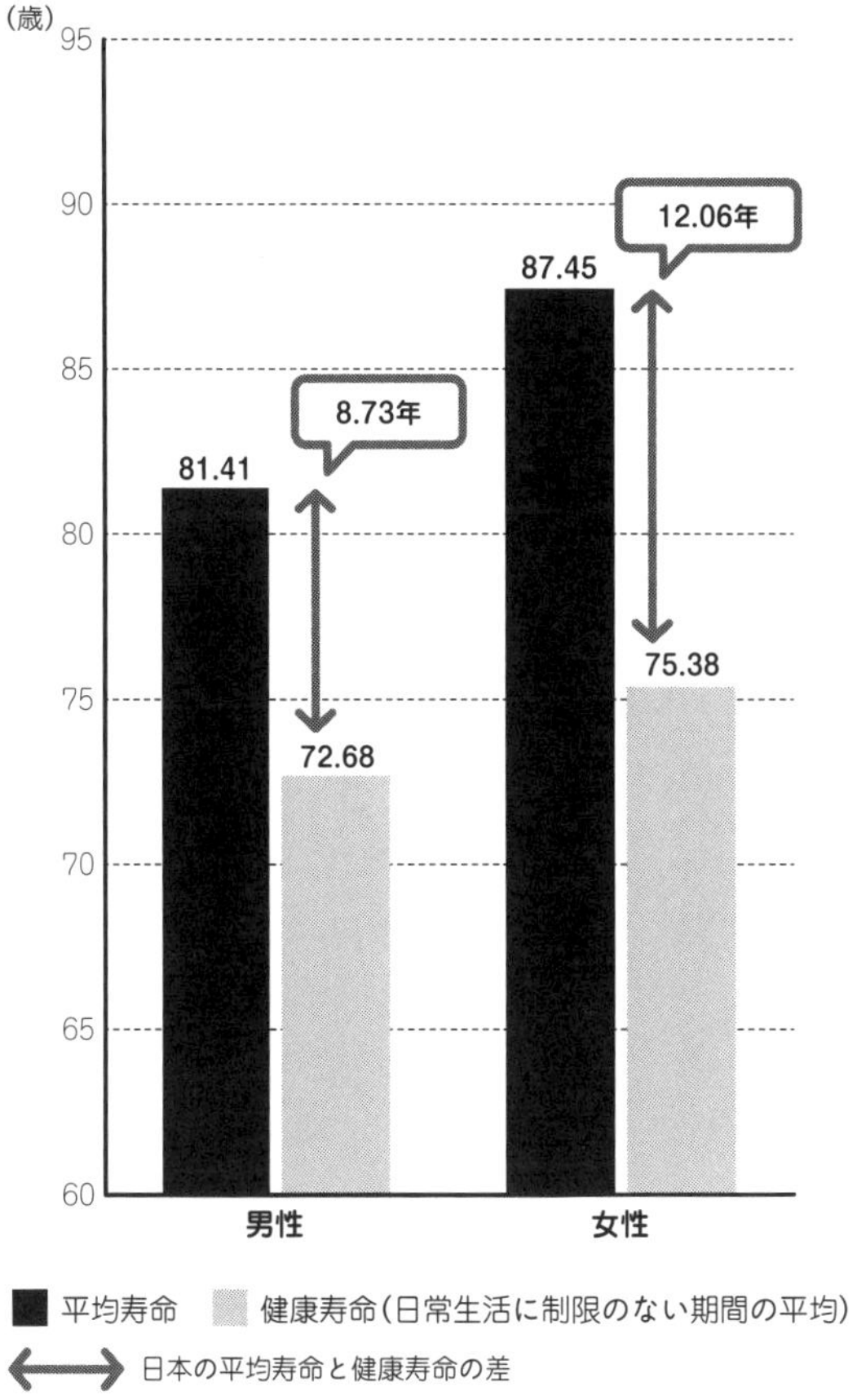

出所:e-ヘルスネット「平均寿命と健康寿命」
https://www.e-healthnet.mhlw.go.jp/information/hale/h-01-002.html

この比較からも、〝健康寿命が尽きた後〟の人生が非常に長いことがわかります。身体の自由が利かない、自立した生活ができない期間が男性で平均8・73年間、女性で平均12・06年間も続くわけです。

言い換えれば、男性の健康寿命は72・68歳であり、女性の健康寿命は75・38歳というわけです。

健康保険制度、高度な医療技術、充実した病院施設、あるいは行政からの手厚い介護によって〝生きながらえて〟はいるものの、その状態は、今のあなたが望み、目指すものでしょうか？

もちろん、長寿であること、長生きをすることを悪く言うつもりはありませんし、「長生きなんかしても仕方がない」「高度な医療なんてムダ」とも考えてはいません。

しかし、**「どんな老後を過ごすのか？」**について、多くの人はもう少し真剣に考え、そして単なる寿命ではなく健康寿命を延ばすための取り組みをはじめたほうがいいのでは？　と思うのです。

「病気を治す」という医療制度については、たしかに日本は素晴らしい仕組みと技術を持っています。

一方、**「健康寿命を延ばす」「いつまでも自立した生活を送る」**ということに関しては、やはり個人個人の努力と何らかの施策が必要です。

それが、今の日本の現実なのです。

医療には〝3つのかたち〟がある

「これからは予防医療が大事。〝病気にならない〟ように気をつけよう」

健康寿命を延ばしたい人、寝たきりにならずにいつまでも自立した生活をすることを目指す人は、そういった考えに至ることが多いでしょう。

「病気にならないようにする」。もちろんこれは正しい考えです。

そして多くの人が「予防医療」を考えるうえで真っ先に着目するのは「健康診断」や「人間ドック」を受ける、ということではないでしょうか?

ただ、健康診断や人間ドックをすなわち「予防医学であり、予防医療の1つ」と捉えることは、少し早計です。

一般的に健康診断や人間ドックには二次予防という定義があり、病気を〝予防〟し

ているかといえば、実際はそういうわけではありません。

これらが行っているのは、病気の〝早期発見〟ということです。

もちろん病気の早期発見は大切なことですが、本来、**医療には〝3つのかたち〟が必要**なはずです。

1つ目は、誰もが思い描く一般的な「医療」のイメージでもある**「治療医療」**。簡単に言えば、病気を治すこと。病気になった人に対症療法を行うという医療です。

2つ目は、先ほどお話しした健康診断や人間ドックをはじめとする**「早期発見医療」**。

そして3つ目は、「いかに病気にさせないか」という、**真の「予防医療」**です。

当然のことながら、治療医療、早期発見医療が対象とするのは、その人の「病気」です。病気を治す、病気を見つける……。「病気ではない」ということならば、その人は対象外となるものです。

これに対して、**予防医療とは、極端な言い方をすれば「病気ではない人」が受ける**

べき医療です。あるいは**「病名がついていない人への医療」**と言ってもいいでしょう。

たとえば人間ドックで「病気は発見されなかった」「健康だった」と判断された人が「これから先、病気になりたくない」「健康のままでいたい」と願い、どうすればいいかを病院に相談しても……「食事は腹八分目で、適度な運動をして、たっぷり睡眠を取るようにしましょう」と言われるのが関の山です。これは病院の規模の大小は関係ありません。有名な大病院へ行こうが、町の小さな病院へ行こうが、医師の指導はほぼその程度でしょう。

「〝年に一度のロシアンルーレット〟なんて、したくないんですよ」

私の知る経営者は、人間ドックをこのように言っていました。

寝たきりの老後を迎えないために、いつまでも活躍し続けるために、病気にならないための医療＝予防医療は、もちろん必要なことです。

しかしこれも残念なことに、日本ではまだまだこの分野の発展、普及が足りないのが現実です。

厚生労働省の「人口動態統計速報（2023年12月分）」によると、2023年の日本の出生数は、前年に比べて4万人以上も少ない約75・9万人です。

少子高齢化がこれからますます進む日本において、「病気になった人を治療する」「病気を発見する」という医療ばかりがフォーカスされ、言い方は悪いかもしれませんが「長生きの病人」ばかりが増えていくということには、不安を禁じ得ません。

繰り返しになりますが、もちろん病気の早期発見は大事です。また治療医療も発達するに越したことはありません。

しかし、**「病気にならない」「いつまでも働く」ということは、ひいては日本の国力を上げていくことにつながる**のではないでしょうか。

国が、働く人のすべてが、「予防医療」を考える時代なのです。

「アンチエイジング」という医療分野

「人間ドックには病気を『予防』する効果はない」

「人間ドックは『予防医療』ではない」


この意味はおわかりいただけたかと思います。

病気の早期発見のため、人間ドックはよくできた素晴らしい仕組みであることは間違いありません。

しかし問題なのは、「病気にならない取り組み」として人間ドックを最重視する日本人の風潮です。


「がんになりたくない！　だから人間ドックを受けよう」

……残念ながら、このロジックは大きな間違いです。

「がん（あるいは他の病気）があるかないかを知る」

それが人間ドックの目的であることは、言うまでもありません。

この風潮は、実は日本の病院側の責任でもあるのです。

「病気を未然に防ぎましょう」という名目で、検査や人間ドックを推奨する病院。

ここで一般の人は「予防といえば検査だな、人間ドックだな」とイメージを刷り込まれてしまいます。

人間ドックで病気が発見された際に、一番〝喜ぶ〟のは誰か？

それは検査を行った病院側です。

「当院で人間ドックを受けられて治療が必要と判断された場合は、優先的に入院できます」

……そのような謳《うた》い文句を掲げて患者を集める病院も中にはあります。

患者側としては安心だと感じられるかもしれませんが、病院側としてもそこはビジネスです。患者に対して、早期発見医療から治療医療へとビジネスチャンスが広がるわけです。

　こうした病院ばかりではありませんが、「病気予防のために人間ドックを」というイメージを広めてしまったのは、日本の病院のマーケティングのせいかもしれません。

　後にあらためてお話ししますが、「アンチエイジング」という言葉も、病院のマーケティング戦略によって曲解・矮小化されたものでしょう。

「辻先生はアンチエイジングを専門にしている方です」

「アンチエイジングのお医者様です」

　誰かが私をそう紹介すると、紹介された相手は「まあ、私のお肌を若々しくしてほしいです！」と言う人がとても多いです。

　アンチエイジング医療とは単なる美容、お肌の治療ではありません。フィットネスや食事、睡眠、仕事、ストレスマネジメントなどなど、さまざまな方向から「人間の衰え＝老化」に抗《あらが》う、予防医療です。

　ところが、美容整形医院の広告宣伝・マーケティングの際に、この言葉が頻繁に使われたために、一般的には「アンチエイジングの医師＝お肌の治療をする医師」という認識が広まってしまったのです。

少し話はそれましたが、このような〝病院発信〟の誤解が、予防医療についても起こっているのが、今の日本の状況です。

入会金数百万円、年会費数十万円などという高額な費用を支払い、ゴージャスな病室に入り、人間ドックを受ける……。

これらを行ったからといって、「健康になるためにお金をかけている」とは言えない、ということです。

健康診断・人間ドックは「病名をつける」ことが役目

「我が国は、国民皆保険制度を通じて世界最高レベルの平均寿命と保健医療水準を実現」

「今後とも現行の社会保険方式による国民皆保険を堅持し、国民の安全・安心な暮らしを保障していくことが必要」

これは厚生労働省のウェブサイトに「国民皆保険制度の意義」として記載されているものです。

日本が〝誇る〟国民皆保険制度。その大きなメリットとされているものの1つに、法律に定められた「健康診断」があります。

社会保険に則って、企業が従業員に受診させる健康診断、行政による健康診断。その費用は国民皆保険制度が保障しています。

人間ドックがなくとも、日本は**「誰もが健康診断を受けることができる」**国なわけです。

病気の「早期発見」の観点からすれば、これは非常に喜ばしいことです。ただし、健康診断で「何も異常がなかった」からといって、「ああ、自分は健康なんだ！」「何も心配することはないんだ！」と考えてしまうのは短絡的でしょう。

各種の数値は正常値内か？　病名のつくもの＝病気はあるか？　……健康診断でわかるのは、この程度のことです。

しかし、数値は正常、病名のつくものはない、という状態でも「何だか調子が悪い」ということは多々あります。

たとえば「ここ最近、下痢気味でお腹の調子が……」なんていう人が、健康診断を受けるとします。

大腸の検査などをしても、特に異常はなかった。各種数値も正常。

これをもって、「じゃあ健康だっていうことじゃないか」「良かった良かった」と言えるでしょうか？

これも言葉遣いの問題でしょうが、「〝健康〟診断」という言葉に対して、多くの人が誤った解釈をしています。

つまり、（国が推し進める）**健康診断、あるいは人間ドックは、決して「健康か、健康ではないか」を判断するものではない**、ということです。**健康診断、人間ドックは、あくまでも数値を知るためのもの。**

健康か、健康ではないかは、結局は自分自身で決めなければならないということです。

当たり前のことかもしれませんが、**健康診断は、それを受診したからといって人を健康にするものではありません。**

ただ、この当たり前のことを忘れてしまい、「健康診断で異常がなかったから、安心」と勝手に思い込んでしまう人が、とても多いのも現状です。

「自分が望む〝健康〟な状態とは何か？」

これは決して国が定めるもの、あるいは「病気か病気ではないか」で決められるものではありません。

「数値が正常だから〝健康〟!」

「病名がつかないから〝健康〟!」

こうした思い込みは、とても危険な考え方なのです。

日本の病院に「ヤブ医者」はいない？

「健康診断は〝健康〟にしてくれるものではない」

実はこれ、日本の「医師」に関しても同じようなことが言えるでしょう。

「医師は『病気を治療する』存在であり、『健康』な身体を作ってくれる存在ではない」

ということです。

EBM（Evidence-Based Medicine）という言葉があります。これは「根拠に基づく医療」という意味で、病気に対してはこのEBMを施す、というのが世界共通のルールとなっています。

つまり、医師の独自の考えに基づいての治療は許されません。

たとえば大腸がんには大腸がんのためのＥＢＭ、偏頭痛には偏頭痛のためのＥＢＭといったように、いくつかのレパートリーはあるにせよ、病名さえ決まれば、治療方法というのはみな共通です。

都会であろうが地方であろうが、日本全国どこの病院へ行っても、同様の治療が行われます。

医師の大きな役割は、**「病名を決める」**こと。病名さえ決まれば、あとはどんな医師、どの病院でも、同じ治療をするしかない、ということです。

かつては医師が病名をジャッジメントした後、独自の裁量により、独自の特殊な治療を施すという時代もありました。

医師の職人的な目利きや腕がものをいう時代です。

しかし現代の日本社会では、これは「悪」とみなされます。

「国が（医療に）お金を出している以上、医師や病院によって治療法、治療方針の差があっては困る」

極端に言えば、それが理由です。

「（医師が）独自の裁量で、勝手に特別なことをしてくれるな」

「（同じ病気に対しては）誰もが同じ治療でなければならない」

これが国の言い分。

言ってみれば、飲食チェーン店の考え方です。

全国どこの店でも、安定していつも同じ味を楽しめるチェーン店。

大量生産、大量提供の世界では、〝職人的な〟塩梅《あんばい》の調整で味を決めるといった属人的な技は許されません。

「あの店はこうだけど、別の店ではずいぶん味が違う」

そういうことがあってはならないのです。

ただし、今の日本の医療でも「外科手術」の分野に関しては、医師の属人的な技術の差が残っていることはあります。**「ゴッドハンド」「天才外科医」**などと呼ばれる人がいることからもわかります。

一方、この外科手術に対しても、国はロボットによる手術の推進で、今後は医師の「腕の差」をなくそうとしているのです。

同じ病気にはすべての医師、病院が同じ治療をする。

たしかに、そうすることで、日本には間違った治療をする「ヤブ医者」の存在はなくなったと言っていいかもしれません。

もうおわかりかと思いますが……**病名がつかない限り、医師は治療ができない**、ということでもあるのです。

病気でさえあれば、病名さえつけば、チェーン店的にパターン化された治療が必ず待っている。

しかし、健康診断や人間ドック、検査で「病気」だとジャッジされなければ？

単なる「不調」「症状」に対しては、医師は単に「頭が痛い？　じゃあ〝とりあえず〟頭痛薬を出しておきましょうか」といった対症療法しかできない、ということなのです。

「病院に行けば何とかなる」という過信？

どこか具合が悪かったら病院に行けばいい（診察代は安い）。

すぐに薬を出してもらえる（薬代は安い）。

こうして多くの日本人は、気軽に公的医療制度を利用します。

ただそれが「病気を治す」「健康な身体になる」行為かといえば、それは少し違うでしょう。

医師や病院はそこに**「病名」**がない限りは、「病気を治す」という行為はできないのです。


お腹が痛いという「症状」がある。頭が痛いという「症状」がある。それで病院へ行く。前述のように、ここで行われるのは、その症状を止めるための対症療法です。

頭が痛い。検査をしてみたけれど何もなかった。だから頭痛薬を処方された。そしてそれを飲んでいるうちに頭痛は治まった。症状が出なくなった……。

これは薬が症状を止めている間に、患者自身が頭痛を「自己治癒」したということです。

人間には自分で自分の身体を治す**自己治癒能力**が備わっています。わかりやすいのは「切り傷」が治っていく過程です。医師は傷口を寄せて縫い合わせることはできますが、傷口をくっつけて塞《ふさ》ぐことまではできません。傷をくっつけるのは、あくまでも「自分の身体の力」です。

骨折も同様です。ギプスをして放っておけば、骨は勝手につながる。つなげているのは自分自身です。

自分で自分の身体を治していく過程にある痛みなどの症状を抑えているのが薬であり、治しているのは自分自身です。

したがって、人は**「自分自身を治す力」が完全になくなってしまったらオシマイ、**というわけです。

病気の「予防」を考えるのであれば、自己治癒力を高める取り組みをもっと見直すべきでしょう。

ところが多くの人が、「病気の発見」「病名のジャッジメント」のみに目を向けてしまっています。

残念ながら、病院で医師に診《み》てもらっても、あるいは健康診断や人間ドックをいくら受けても、自己治癒力を高めるための行為をしてもらえるわけではありません。

国民皆保険制度によって、他国に比べ格段に安い診察代、医薬品代しかかからないなど……。

その恩恵にあずかり、気になる症状を止めたところで、それは病気（かもしれないもの）を治したとは言えません。

ましてや「健康になった」などとは言えないでしょう。

たとえば国民皆保険制度のないアメリカなどでは、病院で診てもらうことが叶わない貧困層などは、「病気になったらオシマイ」という意識がとても強いといいます。

医療制度に恵まれた社会で生きる日本人はおのずと、「病気にならないこと」「健康であること」への取り組みを、自主的に考える機会が少なくなっているのかもしれません。

「病気の『予防』のために健康診断や人間ドックを重視する」

「すぐに薬に頼り、『症状』がなくなればそれで満足」

こうした考えは、そろそろあらためるべきでしょう。

「疲れ」は病院で治すものではない？

「何かあったら、とりあえず、すぐに病院で診てもらおう」

そう考える日本人でも、「これは病院に行くようなものではないかなあ」と看過しがちなものがあります。

それは**「疲れ」**です。

病院で医師に「どうされましたか？」と聞かれ、「はい、疲れているんです」とは、なかなか言いづらいものですが、これは多くの人が日々感じていることではないでしょうか。

一方、医師の側も、病院を訪れた人から「疲れているんです」と言われたところで、困ってしまい、「ゆっくり寝て、栄養バランスの良い食事をとって、規則正しい生活を心がけましょう」……という一般的なアドバイスのみになってしまうでしょう。

第2章以降であらためてお話ししますが、**「疲労」は身体が衰えていく重要なサイン**です。しかし、ほとんどの人は（あるいは医師も）「疲れくらいでは病院へ行かない」と決めつけています。

健康診断や人間ドックで「病気ではない」と判断が下され、それで安堵してしまう。疲れは病気ではないからＯＫ。自分で栄養ドリンクやサプリメントを買って飲もう。

……これが間違ったことだとは言いません。

ただ、私たちはもう少し**「自分の求める健康」**について考える機会があってもいいはずです。

「病気でないなら自分は健康だ」

そう考える人もいるかもしれませんが、一方で私のクリニックを訪れる人の中には、**「病気でもいいから健康でいたいんだ」**という人もいるのです。

これはどういう意味か？

その人にとっては「病気の基準」と「健康であることの基準」はまったく違うフィールドにあり、**「病気ではない」＝「健康に生きている」**のではない、ということです。

では、**健康とは何か？**
それは**「自分がどう生きていくか」という価値観によって変わってきます。**

「いつまでも今の仕事で成果を上げ続けていたい」

「いつまでも20代の頃の自分と同じくらいの体力を維持していたい」

「いつまでも研究に没頭する毎日を過ごしたい」


人によって「どう生きたいか」は当然違うものです。

それぞれの目指す生き方を身体的な制約を受けずに実現させるというのが、真の意味での「健康の追求」だと思うのです。

そこには本来「国が定めた健康の基準」や「日本では当たり前となっている老後生活」などは関係ありません。

「もういい歳なんだから」「若くないんだから無理はできない」といった常識も、自分の生き方、価値観に反するのならば従う必要はないはずです。

「健康」の定義は青天井でいい

健康を追い求めるのであれば、当然のことながら、冒頭で触れた「健康寿命」を延ばす取り組みをしなければなりません。

「日本人は男性で平均8・73年間、女性で平均12・06年間、寝たきり」

これを当たり前の姿と捉える必要はありません。

「仕事を引退した後＝老後は、やがて自分にも介護が必要になるだろう」

「そのためには少しでも元気でいられるよう、病気の早期発見に気を配ろう」

「介護が必要になった際には、できるだけ快適な環境で、快適な介護を受けたいものだ」

……そう考える人もいるかもしれません。

しかし、老後の選択肢はそればかりではありません。

私の知る**「トップ1%」の人たち**は、そのような考えを持って健康を追求していま す。**「いつまでも若く、最高のパフォーマンスを発揮して、エネルギッシュに活動し続ける」**

経営者であっても、アスリートであっても、あるいはアーティストや職人であっても、**トップ1%の人たちは非常に高いところに健康の定義を持っています。**そして、**自分のベストパフォーマンスを維持し続けるために、健康にお金を投資しているわけ**です。

「病気でなければ、それで健康」と考えるトップ1%の人に、私は出会ったことがありません。

学校の勉強で「赤点さえ取らなければ優秀」。

企業経営で「1円でも黒字ならば大成功」。

病気でなければ健康、というのは、そういった考えと同様でしょう。

日本人は、もっと貪欲に「理想の健康」を求めてもいいはずです。**「健康は青天井」**

であり、どこまでの高みを求めるかは自分が決めればいいのです。

そして、たとえ日本の医療制度が充実しているからとはいえ、**「やがては要介護」「やがては寝たきり」を受け入れる必要はまったくありません**。自分の追い求める理想の自分、健康を手に入れる選択肢は、たくさんあります。

というのも、現在のシニアビジネスの方向性に、私は少し違和感を覚えているからです。

なぜならば、多くの人は**「人生＝寿命」ではなく、「寿命＋ＱＯＬ」**を求めているのだということを、シニアビジネスを提供する側が理解できていないので、このようなビジネスモデルになるのだと思います。

たとえば、シニアでない人が考える「理想の老後」をかたちにしたのが、今の高級老人ホームです。

一方、シニアになってみて、**「素晴らしい介護」**ではなく、本当は**「介護のいらない身体」「人生を楽しめる身体」**がほしいと思うのは当然です。

「老後はしっかりした介護をしてほしい」というのは、「自分が介護を必要とする身体になることを前提」にした話です。決して「介護生活」を前提としているわけではなく、「もし介護生活を送ることになるとしたら……」という保険でしかありません。

本当の理想は、**「命尽きるまで人生を楽しめる——歩ける、動ける、働ける、楽しめる、考えることができる、見える、聞こえる、味わえる」**ことにあるのは、明白です。

トップ1％の人たちは、実はそのことを理解し、行動しています。

第2章からは、トップ1％の人たちが考える「健康」「ＱＯＬ」について、より詳しく見ていきましょう。

第2章

トップ1%の「気・能・美」

あなたのバイアスが老いの「前兆」を見逃す

「何だか最近疲れるなあ」
「ここんとこ、調子が悪いなあ」

多くの人がカジュアルにそんなことを口にします。

第1章でも触れたように、今の日本では「疲れ」「何となく感じる不調」は、病気と呼ぶには大げさで、そんなに気にするものでもないだろう……、という捉え方が一般的な常識とされている感があります。

しかし、予防医療の観点からすれば、それは非常に危険な常識です。

実際、**「疲れた」は、身体が衰えていくことの大きな前兆**だからです。

にもかかわらず、疲れや不調を放置してしまう。

栄養ドリンクやサプリメントを飲んで安心したり、「少し休めば調子も戻るだろう」と自分に言い聞かせたりします。

この風潮は医師、病院側にも責任があります。

「何だか疲れたんです」

……そんな理由で病院へ行っても、「よく寝てください」と言われるだけ、あるいはビタミン剤などを処方されるだけ、というケースがほとんどだと思います。精密検査、遺伝子検査などで疲れの原因を徹底的に追究し、適切な措置で衰えを何とかしようという姿勢は、今の日本の医療体制ではあまり見られるものではないのです。

「疲れは、単なる疲労」「病院で診てもらうまでもない」……多くの人がそう捉えてしまうのも、仕方がないことでしょう。

さらに、人々の側にも**「前兆」を放置してしまう大きな要因**があります。

それは**一人ひとりの「バイアス」**です。

バイアスとは、簡単に言えば先入観や思い込みのこと。物事を〝何となく〟や〝以前こうだったから〟といった弱い根拠で判断したり、自分に都合の悪い情報や事実を無意識のうちに無視したりするのも、バイアスが働いているからです。

たとえば2024年1月に発生した能登半島地震。

あれだけの悲惨な被害をニュースなどで目の当たりにしながらも、多くの国民は「まさか明日、自分の住んでいる地域が地震に見舞われることはないだろう」と甘く見積もり、日常を続けています。危機意識を持って災害に備える行動を取ろうとはしません。

「自分は大丈夫だろう」

そんな思い込みは、自身の身体に対しても向けられます。

「たかが疲れ。そんなに気にする必要はない」

「お腹の調子が悪いけど、3日くらいすれば治るだろう」

……それは決して根拠のあるものではなく、バイアスの問題であることがほとんどなのです。

逆にこうしたバイアスを取り払ってみれば、**「疲れ」**や**「不調」**は、**老化や大病の「前兆」**と言えます。


「眠りが浅い」

「朝、疲れが残っている」

「何だか食欲が落ちた」


〝せっかく〟自覚症状としてわかりやすい前兆が出現しているのに、健康診断や人間ドックの各種検査項目では大きな問題はなし。

「じゃあ、大丈夫じゃないか」

……そんな思い込みで判断してしまうことは、非常に危険です。


「今まで元気だったのに、突然亡くなってしまった！」

そういった話はよく耳にするものです。

しかし、私からすれば**「元気だったのに突然亡くなる」などということはあり得ま**

せん。必ず何らかの「前兆」はあったはずなのです。

先ほどの地震の例でも、発生前に遡《さかのぼ》ってデータを検証してみるとハッキリと大地震の前兆があった、といわれています。

前兆を感知しようとするかしないか、目を背けずに感知できるかできないかは、残念ながら個人個人の意識の問題、ということなのです。

「疲れ」の正体は「脳」にある？

ここでもう少し、「疲れ」というものについて見ていきましょう。

「身体が疲れたなあ」

「肉体疲労時の栄養補給に！」

……大抵の場合、「疲れた」「疲労」という言葉は、身体＝肉体にフォーカスして使われます。

たしかに、身体がだるい、身体を動かしづらい、なかなか動けない、といった症状はわかりやすいものです。

しかし、その自分の身体に指令を出して動かそうとしているのは……そう、あなたの**「脳」**です。

実は、**疲労の根本原因も脳であることがほとんど**なのです。

フィットネスジムなどで、カロリー消費量が計測されるウオーキングマシンを体験したことがある人ならばピンとくるかもしれませんが、どれだけ長時間歩いたとしても、そのカロリー消費量は思いのほか少ないものです。

それに比べて、**人間の脳が使うエネルギー量は、すさまじいものがある**のです。

たとえばスーパーコンピュータの「富岳」。人間の脳はこの富岳よりも、高性能なCPU（中央演算処理装置）を持ち、動かすための消費電力ものスゴいものだと考えていいでしょう。

トップアスリートのことを考えてみても……。

繊細なショットで小さなカップにボールを入れるゴルファー。球速160キロの球を投げ、小さなミットに入れるピッチャー。

もちろんトレーニングによって作られた高スペックな肉体は持っていますが、それよりもエネルギーを使っているのは、指令を出しているスーパーコンピュータである脳です。

したがってトップアスリートが「調子を崩す」というときには、得てして脳のエネルギー値が下がっていることが多いものなのです。

これは私たちも同様です。

たとえば風邪気味で身体がだるい。でも仕事が立て込んでいてどうしても動かなければならない……。

そんなときに栄養ドリンクや葛根湯《かっこんとう》などを飲めば、集中して仕事ができてしまう、なんてことはありませんか？

これは栄養ドリンクや薬によって、一時的に脳にアドレナリンが出るためです。

つまり、無理やり脳のエネルギー値を上げているわけです（一時的であるがために、仕事が片づけば途端に熱を出して倒れてしまう……なんてこともありがちです）。

第4章で詳しくお話ししますが、**脳のエネルギー値が下がることによって、身体の「炎症」と「酸化」が進んでいき、これが細胞に悪影響を与え、いわゆる疲労、倦怠感となり、老化、慢性疾患の大もととなる**わけです。

「疲労という前兆を見逃してはならない」と私が言うのも、こうしたメカニズムがあるからです。

人間の身体は意外に頑丈なもので、特に年齢が若いうちは炎症や酸化の影響も受けません。

「子どもは疲れ知らず」と言われるように、たとえどれだけ走り回って遊んだとしても、「何だか身体がだるい」なんていうことにはならないものです。

しかし、歳を重ねた大人はそういうわけにはいきません。

「疲労とは脳のエネルギー値低下のわかりやすいサイン」

このサインを見逃さないようにしましょう。

「老化」と「加齢」を混同させてはいけない

「『疲れ』は衰え＝『老化』の大きな前兆」というお話をしました。

では、そもそも**「老化」**とはどういうことでしょう。

これまではわかりやすく「（身体の）衰え」という言葉を使ってきましたが、ここであらためて「老化」を定義づけしたいと思います。


「老化防止のために必要なこと」

「アンチエイジングのやり方」

たくさんのメディアが気軽に「老化」という言葉を使っています。

「アンチエイジング」を掲げる私たちのクリニックに取材に訪れる方々からも、「老化について語ってください」というリクエストがよくあります。

しかしそうした方々に、「ところで、そもそも『老化』って何のことだと思っていますか？」と逆に質問しても、相手はそれに対する明確な定義を持っていないことがほとんどです。

「老化」とはどういうことか？

まずはじめにお伝えしたいのは、**「『老化』と『加齢』は異なるもの」**だということです。


「最近、足腰が弱くってさあ」

……「それは老化のせいだね」「それは加齢だね」。

「お肌のハリがなくなってきたの」

……「老化だね」「加齢の問題だよ」。


こんなふうに、日常生活の中では老化も加齢も同じ意味合いで使われることがほとんどです。

しかし、この2つの言葉は、医学では明確に分けられています。**「加齢」とは、ずばり言ってしまえば「時間の経過」**のこと。「歳を重ねる」「エイジング」ということです。

そしてこの加齢は、決して「悪いこと」ではありません。

人間は「オギャー」と生まれた瞬間から、20〜30年間は、「成長」というフェーズにあります。このフェーズも、「時間が経過している」ということですから、加齢と呼ぶべきものです。

成長することは、当然悪いことではありません。

では、成長の後はどうなるか?

宙に向かって投げたボールを思い描いてみてください。ポーンと宙に上がった（成長）ボールは、放物線を描いて落下します。

この「落下」が、「身体が〝劣化〟する」ということです。そしてこれこそが、「老化」といわれるものです。

当然のことですが、身体の劣化度合い、発現する症状（老化現象）は、個人個人でまちまちです。

したがって、「時間の経過としての年齢」と「身体の年齢」というものは、まったくの別物だということです。

たとえば同じ「50歳」の2人がいます。「加齢」に関しては同じ「50年」だから、同じレベル。

しかし**「老化」に関しては、自分の身体へのそれぞれの取り組みによって大きく違う場合がある**、ということです。

ではなぜ、多くの人が老化と加齢を同一に捉えてしまうのか?

ここにも、先ほどお話しした〝バイアス〟がかかっているからでしょう。

「老化とはすなわち加齢のこと」

〝漠然と〟そう思い込んでしまう人が多いのです。そしてそれらをひとまとめにして英語で「エイジング」などと呼んでしまうわけです。

しかし日本語には、「老化」「加齢」という2つの言葉があり、それらは明確に区別されているのです。

図表3 老化と加齢の流れ

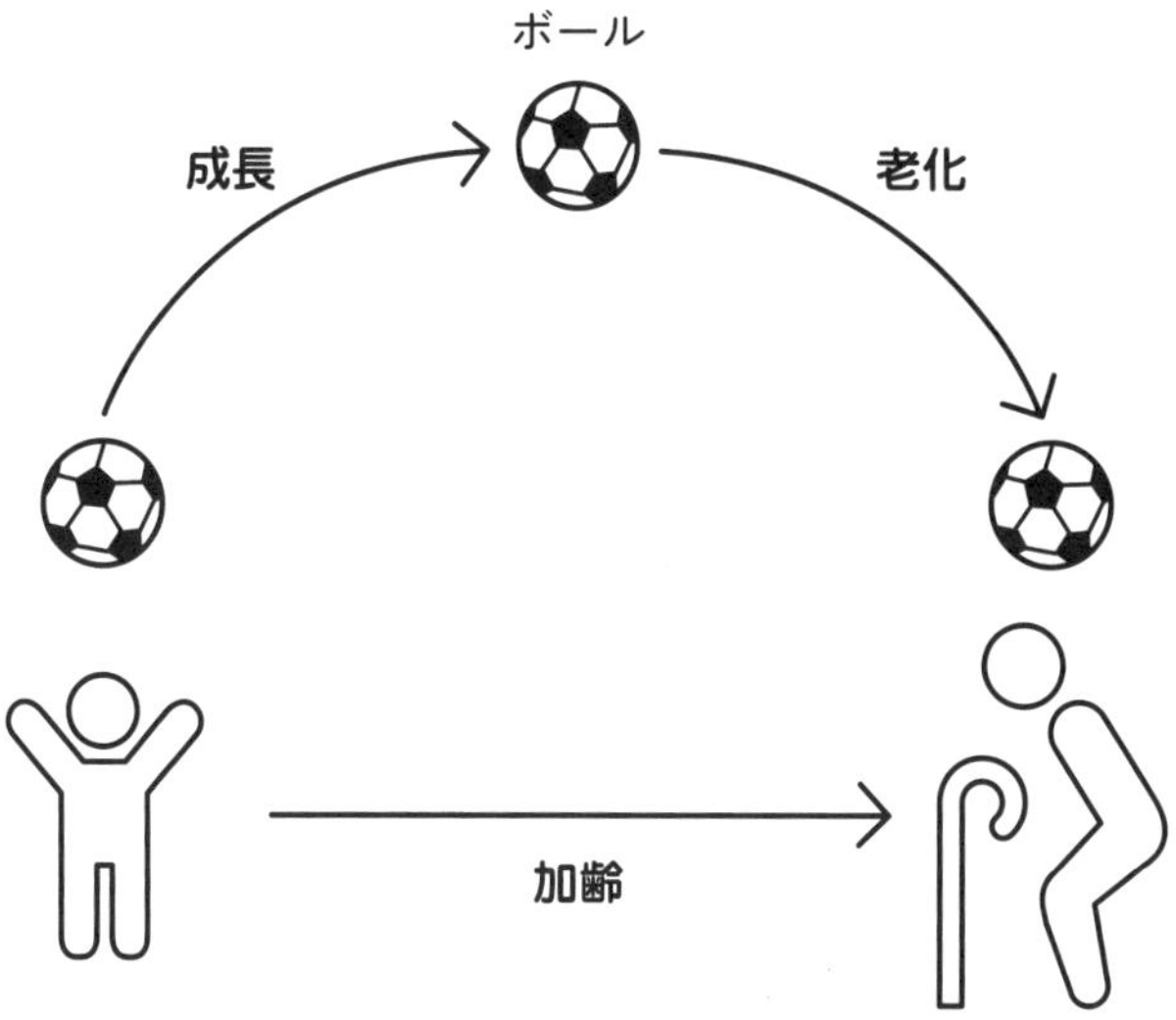

出所：著者（辻直樹）作成

「寿命」とは何のことなのか？

「老化」「加齢」……そういった言葉から、自分の「寿命」について意識する人もいるでしょう。

では**「寿命」**とは、何のことなのか？

ここでも、バイアスによって寿命の概念を捉えている人が多いように感じます。

「『寿命』って、老化の先にあるもの」

一般的にはそう捉えられがちです。しかし、それは正しくはありません。

たとえば交通事故で亡くなる人は、身体の劣化とは関係のないケースです。

若くして病を患い亡くなる人もまた、老化は進行していないのに病気にかかり、死に至ります。

極端な言い方をすれば、**「寿命」と「老化」は関係がない**、ということです。

「日本人の平均寿命は長い」
「日本は長寿大国だ」

第1章でも触れましたが、このことはあくまでも「長く年齢を重ねた（加齢）人」が多いという〝横軸〟の話であり、それをもって「日本人はみんな若々しい」「日本人は多くの人が老化しない。いつまでも健康であり続けている」とは言えない、ということです。

「エイジングギャップ」という言葉があります。

多くの場合、若者と年配者の世代間の意識の差……ジェネレーションギャップの意味で使われがちですが、予防医療の世界では、**実年齢と老化のレベルの差を示す意味で使われるもの**です。

このエイジングギャップこそ、私たちが「健康」や「アンチエイジング」を考える際に着目しなければならない部分です。

加齢は「時間の経過」ですから、どんな人にも同じ条件で訪れます。

しかし、**エイジングギャップは、人により大きな差が出てくる**ものです。

先ほどお話ししたように、同じ50歳でも、健康の度合いというものは違います。同じ80歳でも、寝たきりで要介護の人もいれば、自分の足でいろいろな場所に出かけ、好きなものを食べ、好きなことをして、仕事に全力で取り組んでいる若々しい人もいるのです。

図表4 老化と加齢のスピード

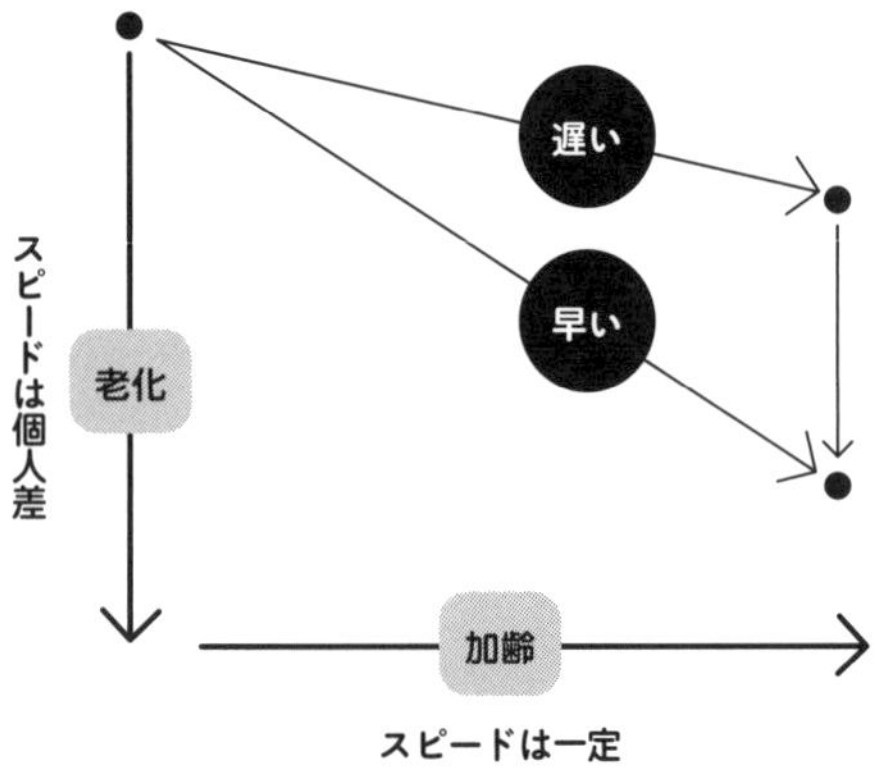

出所：著者(辻直樹)作成

いかに老化を緩やかにするか？
いかに〝いつまでも〟若々しくあるか？

これが本当の意味での**「アンチエイジング」**です。

決して「お肌をきれいに保つ」などの一側面だけのものではないということが、おわかりいただけるでしょう。

図表5 日本人の老化と加齢の立ち位置

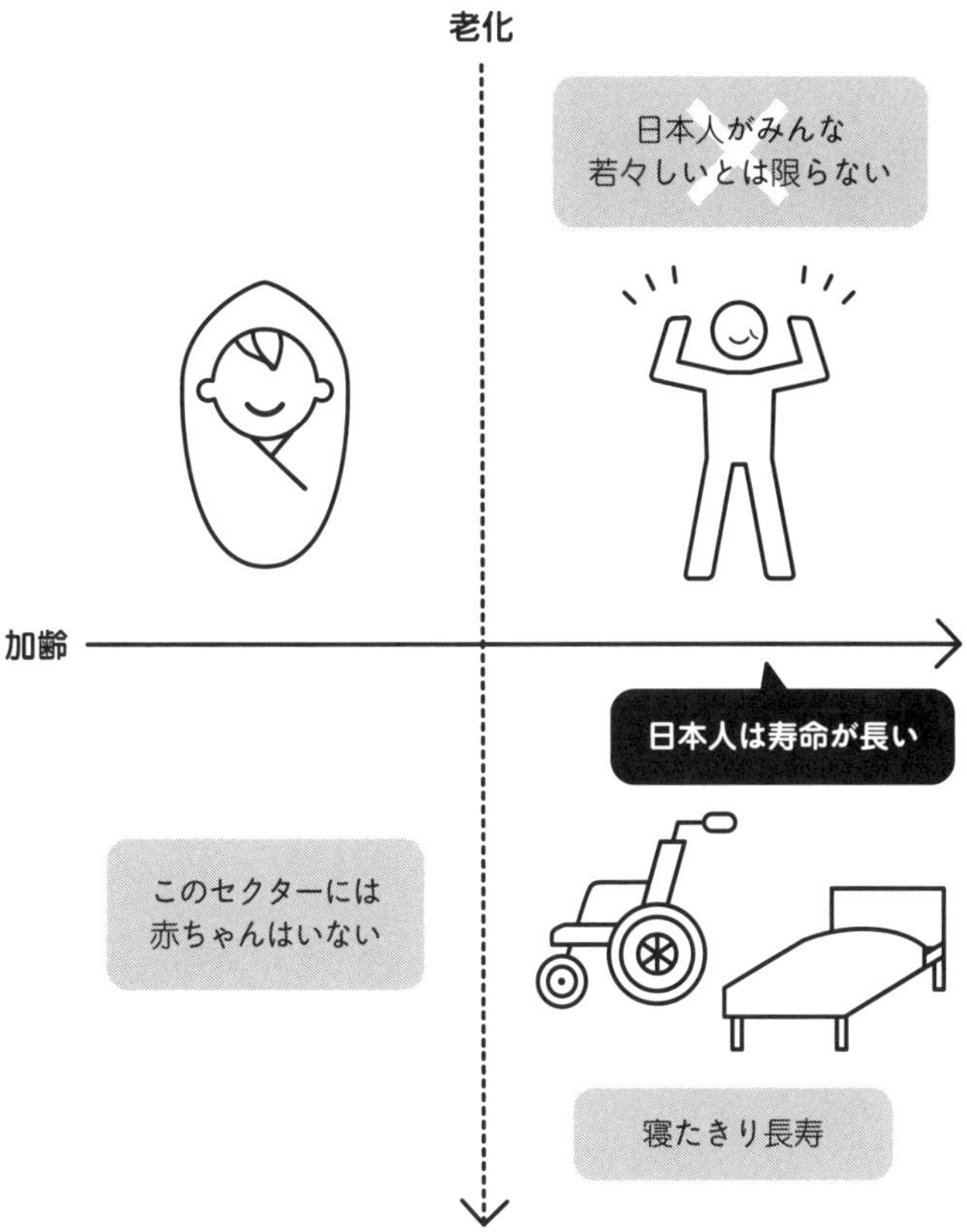

出所：著者（辻直樹）作成

若々しさ＝エネルギー感というファクター

世界中をライブツアーで回るベテランのロックミュージシャン。

年齢を重ねて魅力を増す名俳優。

いつもアクティブにビジネスを展開するトップ経営者。

70代、80代という〝加齢〟を経ても老化を感じさせない有名人、セレブリティはたくさん存在します。

彼ら彼女らを見て私たちが**「若々しいな」「年齢を感じさせないな」と思うのは、何に対してでしょう？**

もちろん「見た目」は大きな要素の1つ。シワの少ないつやつやした肌、豊かできれいな髪の毛などの美容面をはじめ、体つき、すなわち身体の筋肉量、表情やファッション、立ち居振る舞いなどの目に映るものは、人から「若々しいね」と言われる対象になるでしょう。

とはいえ、シワもある、筋肉も減っている、服装も地味。にもかかわらず「若々しいなあ」と感じられる人もいます。

明らかに歳を重ねた老齢。

「若い人」とは言えない。

だけど〝漠然と〟若々しさを醸し出している人、何となく〝オーラ〟のようなものを発している人……あなたもそんな人と接した、あるいはメディアで画像を見かけただけでそう感じた、ということがあるのではないでしょうか。

後で詳しくお話ししますが、こういった「若々しさ」を感じられる人には、あることを意識しているという共通のファクターがあります。

それは**「エネルギー感」**です。

「気力」「活力」あるいは「エネルギッシュさ」と言ってもいいでしょう。

「若々しくありたい」……そう願うときに、身体の機能（内臓や筋骨格、脳神経など）は当然意識するもの。

さらに先ほどお話しした「美容」関連（シミ、シワ、くすみ、たるみ、脱毛など）も、それらへの対処＝「アンチエイジング」と捉える人は多いでしょう。

しかし、本来のアンチエイジング医療からすれば、**「エネルギー感」が非常に重要なファクター**です。

エネルギー感というものをごく簡単に言ってしまえば、先ほど例に挙げた「気力」「活力」にカテゴライズできます。

しかし、もっと細かく見ていけば、**「集中力」「発想力」「疲労感（のなさ）」「倦怠感（のなさ）」「抑うつ感（のなさ）」「モチベーションの高さ」「ポジティブさ」などもエネルギー感に含まれる**ものです。

もうおわかりかと思いますが、これらの要素は〝いつまでも若々しく活動する〟ために、目をそらすことのできないものです。

世界中で活躍している著名人、トップ経営者、政治家から感じる若々しさのオーラの正体は、このエネルギー感なのです。そしてもちろん、彼ら彼女らのアンチエイジングは、この要素をとても重視しています。

肌にシミやシワはないか？

視力はどれくらいあるか？

筋肉の比率、運動量、瞬発力はどれくらいか？

血液検査の数値は？

各臓器の機能に異常はないか？

こうした目に見えるものや検査項目に存在する要素には、ピンポイントで数値化できる「若さの概念」があります。

しかしそれに対して「気」「エネルギー感」は、明確な見た目の特徴や数値の基準があるわけではありません。

したがって多くの人が「身体機能」と「見た目（美容）」だけに目を向けてしまい、漠然としたエネルギー感をあまり気にしないのです。

一方、**トップ1%の人たちが本当に気にかけるのは、数字（年齢を含む）としての「若さ」ではなく、どれだけエネルギッシュに活動できるか、という「若々しさ」**のほうなのです。

「何事にも積極的になれず、面倒臭い」

「人生にあまり楽しいことはない」

自分の「気」の部分がそのような状態では、仕事においても、日常生活や趣味においても、満足のいく身体のパフォーマンスが発揮できないということは、想像できるでしょう。

たとえ美容に力を入れようとも、あるいは健康診断で病気の早期発見に力を入れようとも、**「気」＝エネルギー感を無視していては、若々しさを手に入れることはできない**のです。

老化の要素は「気・能・美」の3つ

「エネルギー感が若々しさを決定づける」

……とはいえ、老化の問題を考える際には、もちろん病気や美容のことにも目を向ける必要があります。

エネルギー感を高める「気（Energy／Feel）」
身体そのものの衰えに関する「能（Function）」
見た目に関する「美（Beauty）」

この3つを総合的に考えていくのが、本来のアンチエイジング医療です。
私はこの3つの要素をわかりやすく**「気《き》・能《のう》・美《び》」**と呼んでいます。

図表6 本来のアンチエイジング医療「気・能・美」

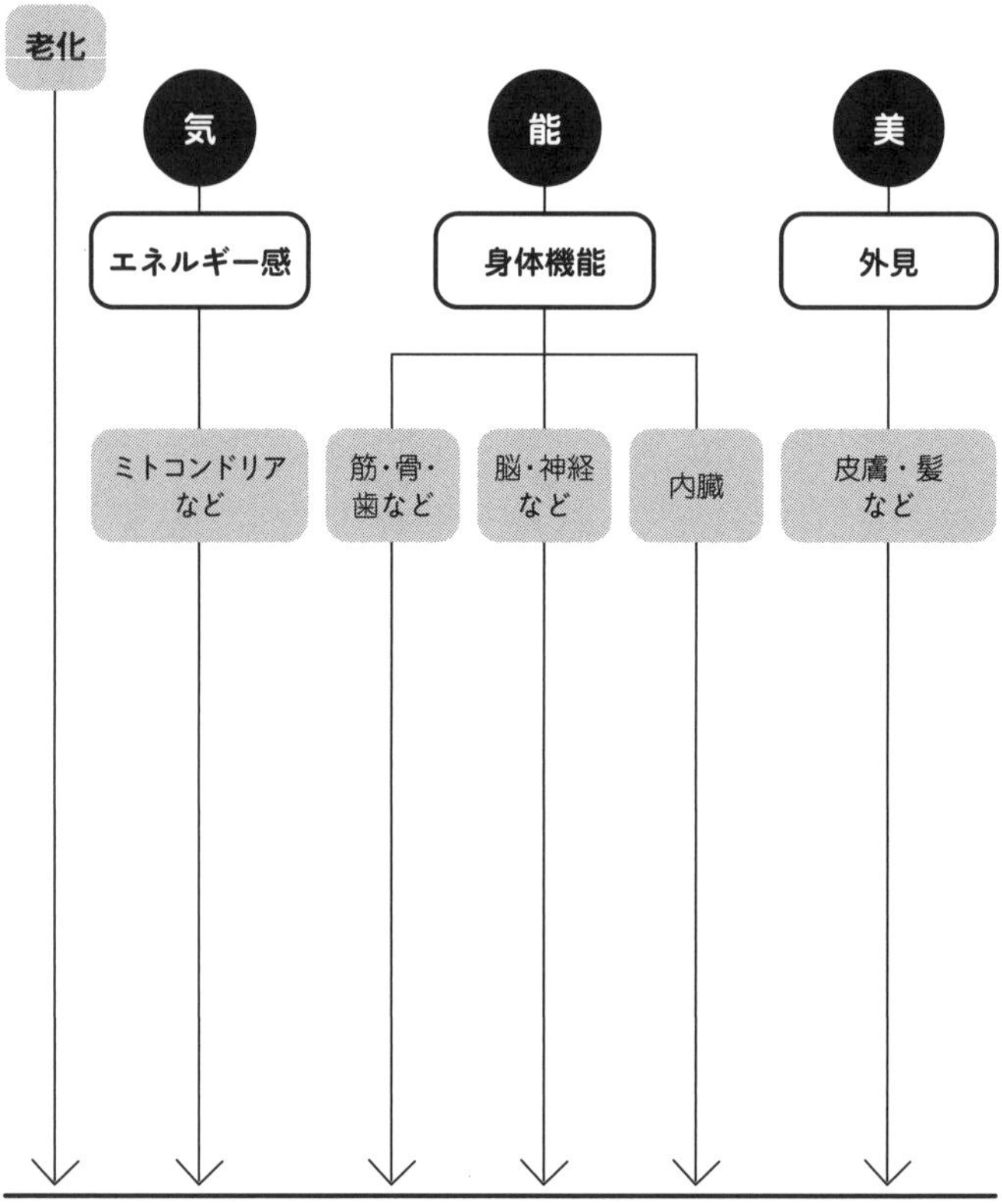

出所：著者（辻直樹）作成

「気」と「能」と「美」……老化が進むとは、これらが同時に衰えてくることをいいます。

程度の差こそあれ、どれか1つだけが衰えるということはありません。

したがって**真のアンチエイジングは気・能・美のすべてを気にかける**べきなのです。

トップ1%の人のアンチエイジングの究極の目的は、この3つの要素すべてをダウンさせないこと。

「アンチエイジングって、美容のことでしょ?」

その問いへの答えは、「美容はアンチエイジングの『一部』に過ぎない」ということです。

すべてのはじまりは「エネルギー」

「気・能・美」の中で、なぜ**「気」**を最初に持ってきたのか？

それは単なる語感の良さではなく、**「気（Energy／Feel）」こそがアンチエイジングのはじまり**だからです。

内臓の機能を正常に保つのも、筋肉を動かすのも、「美」を形成する皮膚の新陳代謝を促すのも、すべてはエネルギーがあっての話です。

たとえば「車が動かなくなった」。この原因は単に機械の故障だけでしょうか？

そう、まず気にしなければならないのは、「ガス欠」ですよね。

あるいは、パソコンが起動せずに、電話でサービスセンターに助けを求めた場合……。

オペレーターにまず言われるのは「電源の確認」です。

図表7 すべての起点になるエネルギー

出所：著者（辻直樹）作成

エネルギーがなければ動かない。これは機械も人間も同じです。**アンチエイジングで一番気にしなければならないのは、すべての起点となるエネルギー、すなわち「気」の部分**なのです。

「気」をターゲットにした医療は、残念ながら日本では一般的ではありません。しかし、トップ1%と呼ばれる人、70代、80代になっても若々しい人は、確実にこの「気」、自身のエネルギーの部分に着目しています。

高いパフォーマンスが要求されるトップ1%だから「気」に着目し、エネルギー値の高い身体でいられるのか？　あるいはエネルギーにあふれているからトップ1%になれるのか？

……それは、卵が先かニワトリが先か？　という話かもしれませんが、ここでお伝えしたいのは、**医療制度に守られた日本人のほとんどが、あまりにも自身のエネルギー値をおろそかにしているという事実**です。

「能」に「線引き」をする日本の医療

日本の医療が集中して着目しているのは、気・能・美の**「能」の部分**です。

財務省の「令和6（2024）年度社会保障関係予算のポイント」によると、社会保障関係費は約37・7兆円で、そのうち約15・9兆円は医療給付費と介護給付費に使われています。そのほとんどが「能」に使われていると言ってもいいでしょう。

さらに言えば、「能」の要素には慢性疾患や老化による疾患に影響を与える**「内臓」**、姿勢、歩行、骨粗しょう症、筋肉や関節の障害に影響を与える**「筋骨格」**、脳に関する**「脳神経」**と3つの要素があるにもかかわらず、健康診断や人間ドックで診断するのは主に内臓と脳神経。

筋骨格は置き去りにされています。

しかし、「老化」について考えた場合に、**「筋骨格」の機能が自分自身に大きな影響**

を及ぼすということは、おわかりいただけるはずです。

以前はひらりと跳べたはずの段差を乗り越えられない。身のこなしが明らかに鈍くなった。

立ったり座ったりがしんどい。長い距離を歩けない、速く走れない……みな筋骨格の衰えによるものです。

後で詳しくお話ししようと思いますが、**日本人の老後に「寝たきり」「要介護」の人が多いという問題も、ないがしろにされた筋骨格というファクターに起因する**のではないでしょうか。

第1章でも触れましたが、**健康診断や人間ドックで調べるのは「病気か、そうじゃないか」ということ**です。

ジャッジメントで病名がつかなかった＝病気ではない、という判断ならば、診断を受けた人はそれを即「自分は健康である」と解釈してしまいます。医師や病院側も、病名をつけられないことで「あ、あなたは健康ですね」なんていう言い方をしてしまうことだってあるのです。

言い方を変えれば、**健康診断や人間ドックで行うのは、その人が病気であるかどうかの「線引き」**です。

なぜ線引きを必要とし、それを重視するのかといえば……。

そう、**引かれた線以下は保険医療の対象となり、ここの部分が増大してしまうと国費がパンクしてしまうから**です。

つまり、**病名とは国の〝セーフティネット〟**のようなものです。

そして今も、この線引き、基準値を引き上げるか、下げるかで、日本医師会と厚生労働省が闘っている、というのが現実です。

日本医師会は基準を上げたい、国は下げたいわけです。

病気か、病気ではないかの基準が少し変わるだけで、国の使うお金が何百億、何千億円と変わってくるのです。

前述のように、**人は誰もが時間の経過（加齢）とともに、「成長」のフェーズからピークダウンし、「劣化」のフェーズに入ります**。身体機能がどんどん落ちてくるというのは、自然の流れです。

私は以前、救命病棟から異動して整形外科医となりましたが、そこで目の当たりにしたのが、「骨粗しょう症」による人の劣化です。

骨粗しょう症とは、骨密度が下がっていく、つまり簡単に言えば、「骨の量が減っていく」というもの。それによって骨が弱くなり、骨折の恐れも増してしまうのです。

骨密度は30代をピークに、どんどん下がっていくものです。

何もしなければ、1年後より2年後、2年後よりも10年後……時間の経過とともに骨密度は〝確実に〟下がっていきます。

本来ならば30代で手を打てばいいものを、それが健康診断で線引きをされないがために、スルーしてしまう……。

「骨粗しょう症は確実に進行するのだから、早く診察をしたほうがいいのに。なぜそうしてはいけないんですか?」

上司の医師にそう訴えたこともありました。しかし、その問いに関する明確な答えは、誰からも返ってこなかったのが現実です。

「年々、骨密度は下がっていく」……これが「健康な状態」と言えるでしょうか?

図表8 病気であるかどうかの「線引き」

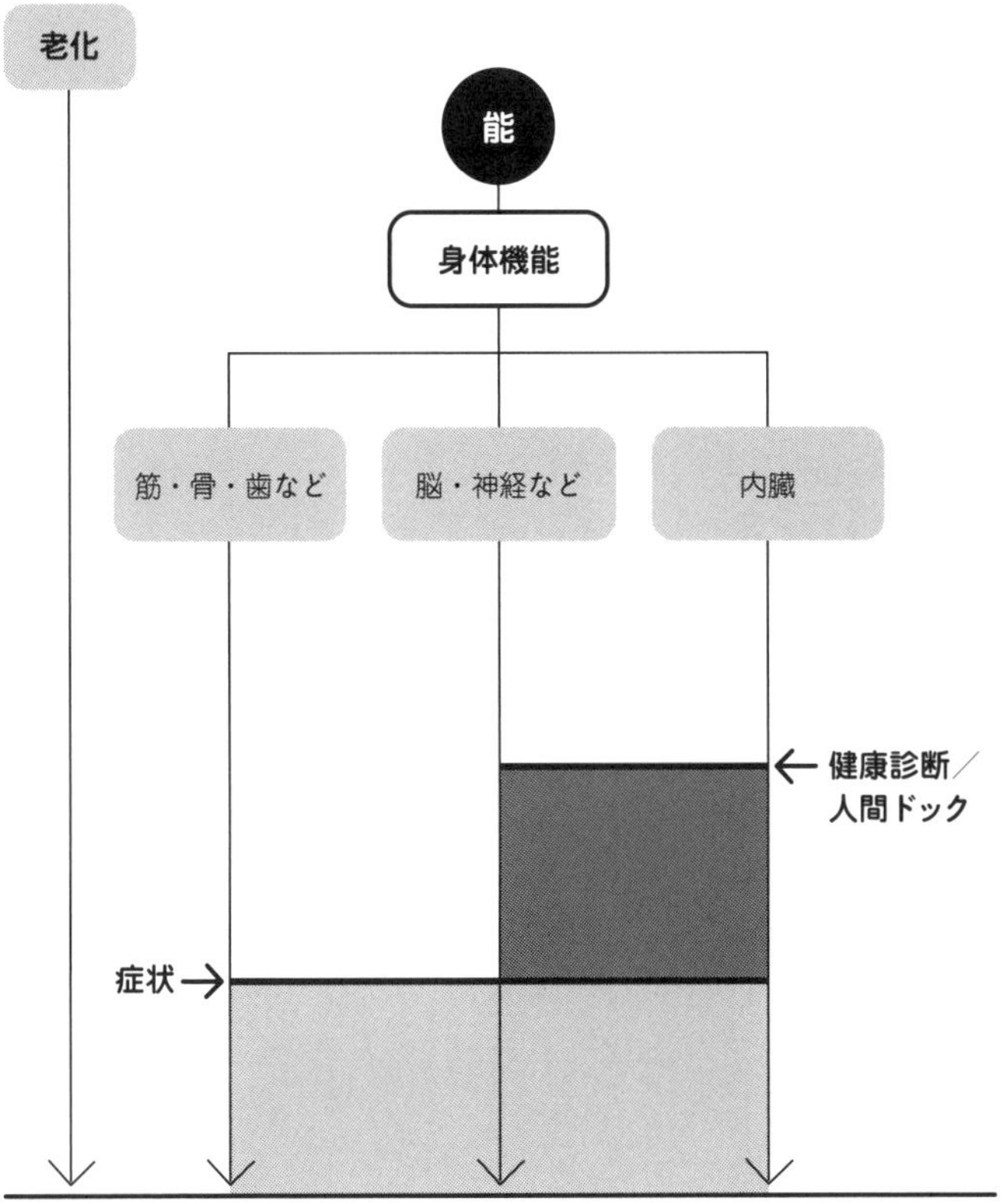

出所：著者（辻直樹）作成

私は決して健康診断や人間ドックを全否定しているわけではありません。

かつては痛い、苦しいといった明らかな「自覚症状」がなければ医療の対象とならなかったところを、早期発見という医療でその「線引き」を引き上げたのは、健康診断、人間ドックの素晴らしい功績です。

しかし、**「病名がない」＝「健康」などという話ではありません。**

繰り返しになりますが、トップ1％の人のアンチエイジング、いつまでも若々しく活躍するための究極の目的は、**気・能・美の3つの要素すべてをダウンさせないこと。**

言い方は悪いかもしれませんが、**「病気でなかったら、それでいい」という、レベルの低い健康を求めるものではありません。**

たとえば疲労など、何か前兆があったかもしれないにもかかわらず、あるいは確実に劣化していくという事実を知りながら、それを無視して「歳のせいだから、仕方がない」なんていう考えをトップ1％の人は持たないのです。

第3章

トップ1%の「QOL」

「どの程度のパフォーマンス」で生きていくのか？

第2章で例に挙げたエネルギッシュな70代、80代。

大物アーティストやトップ経営者、あるいはいくつになっても、さらに〝高み〟を目指そうとする職人など……。

彼ら彼女らに共通するのは、とにかく**「エネルギー値が高い」**ことです。

そして、別の角度から見れば、彼ら彼女らは、エネルギー値が〝高くなければならない〟とも言えるということ。

アーティスト、ビジネスパーソン、アスリート……、どんな分野にいたとしても、「トップ1％」であるためには、自らを最高のパフォーマンスが発揮できる状態にしておかなければならないからです。

頭のキレ、フィジカルの部分、美しさなど、自らが持つポテンシャルのいずれかの部分をフル稼働させる、**ある意味〝酷使〟させているのが、トップ1%の人たち**です。

たとえばまだインターネットが普及していなかった時代には、「事業家としての成功は〝移動距離〟に比例する」などと言ったものです。

ビジネスで大成功を収めるためには、全国各地、世界中を文字どおり「飛び回る」必要がありました。

明日は香港、明後日はニューヨーク……いわゆる〝ジェットセッター〟と呼ばれる、世界中を飛行機で飛び回る人です。

こうした活動の際、自分のエネルギー値や肉体の機能について何も気にかけていなければ、すぐにガタが来てしまうであろうことは、簡単に想像がつきますよね。

トップアスリートに関しては、言うまでもありません。

最高のパフォーマンスを維持していくための、彼ら彼女らの自己管理は、半端なものではないでしょう。

そして第2章でも触れたように、物事を考え、身体を制御するために膨大なエネルギーを必要とする「脳」。

学者や研究者、技術者など、一見〝身体を動かさない〟と思われる人々も、トップ1%ともなれば、やはり自らを〝酷使〟しているわけです。

「もともと生まれ持った才能に恵まれていたから」
「自分の本当に好きなことを見つけて職業にできたから」
「運が良かったから」

さまざまな分野で、さまざまな人が、〝トップ1%になれた理由〟に対して、そんな思いを抱いているかもしれません。

しかし、**何も〝酷使〟せずに成功している人は、まったくいないと言ってもいい**でしょう。

少なくとも私の知るトップ1%は、「朝9時から夕方5時まで仕事をして、あとはプライベートでのんびり」なんていう「普通の生活」は完全に犠牲にして、**何かをがむしゃらにやってきた人ばかり**です。

「長生きのためには、無理は禁物」

そういう考えを否定するつもりはありませんし、それはある意味、世間の「常識」としては正しいでしょう。

しかし、トップ1%で生きていくのであれば、常識的な生活、無理のない生活では通用しないということです。

世界のトップ1%はみな、自らの「超パフォーマンスを発揮するための取り組み」を行っているのです。

「ピンピンコロリ」は機能の〝チキンレース〟

常識的で安定した生活を望む人の**〝理想の死に方〟を表すものとして、「ピンピンコロリ」**という言葉があります。

病気に苦しむことなく長生きし（ピンピン）、最後はそのまま突然亡くなる（コロリ）。

死ぬまで元気、つまり**「健康寿命のままに死んでいく」**ということ。

寿命と健康寿命の差がないということは、もちろん望ましいです。

とはいえ、多くの人が切望するにもかかわらず、ピンピンコロリで亡くなる人をあまり見ないのはなぜでしょう？

ここでは、ピンピンコロリの定義について、少し詳しく見ていきましょう。

「筋肉や骨、関節などの『身体機能』を残して『内臓機能』が尽きた状態」

これが私の定義する「ピンピンコロリ」です。

その逆もあります。

「『身体機能』が尽きているのに『内臓機能』が残っている状態」

もうおわかりかと思いますが、これがいわゆる**「寝たきり」**というものです。

「身体機能 vs. 内臓機能……さあさあ、あなたの場合、どちらが先に尽きるでしょうか！」

「死ぬまで元気」とは、身体機能と内臓機能のチキンレースなわけです。

身体機能は**「アウターエイジ（外側の年齢）」**、内臓機能は**「インナーエイジ（内側の年齢）」**とも言い換えられます。

当然のことながら、アウターエイジとインナーエイジは同時にエイジングしていくことが理想です。

しかし現実には、そううまくはいきません。

〝元気〟を「自分で活発に動ける状態」と定義するならば、筋肉や骨、関節などの身

体機能が高いままでなければなりません（さらに「気」も重要です）。

ところが、多くの人は単純に**「長く生きる」ことを考え、内臓機能にばかり着目し**ます。

血圧の薬を飲み、心臓の薬を飲み、肝機能をケアし、がんの早期発見を気にかけ熱心に検査を受け続ける……。

これら自体は悪いことではありません。しかし内臓機能が無事でも身体機能が尽きていたならば、当たり前のことですが、それはすなわち寝たきり・要介護の状態と言えます。

自宅や老人介護施設で寝たきり。でも「おじいちゃん、今日も、血圧も心臓も大丈夫ですよ。さあ、お薬を飲みましょうね」。

……ピンピンコロリにはほど遠い状態と言えますよね。

逆説的に言えば、ピンピンコロリを望むのであれば、「身体機能だけケアして、内臓機能に関しては完全に無視する」ということです。

図表9 多くの人は単純に「長く生きる」ことを考え、内臓機能にばかり着目

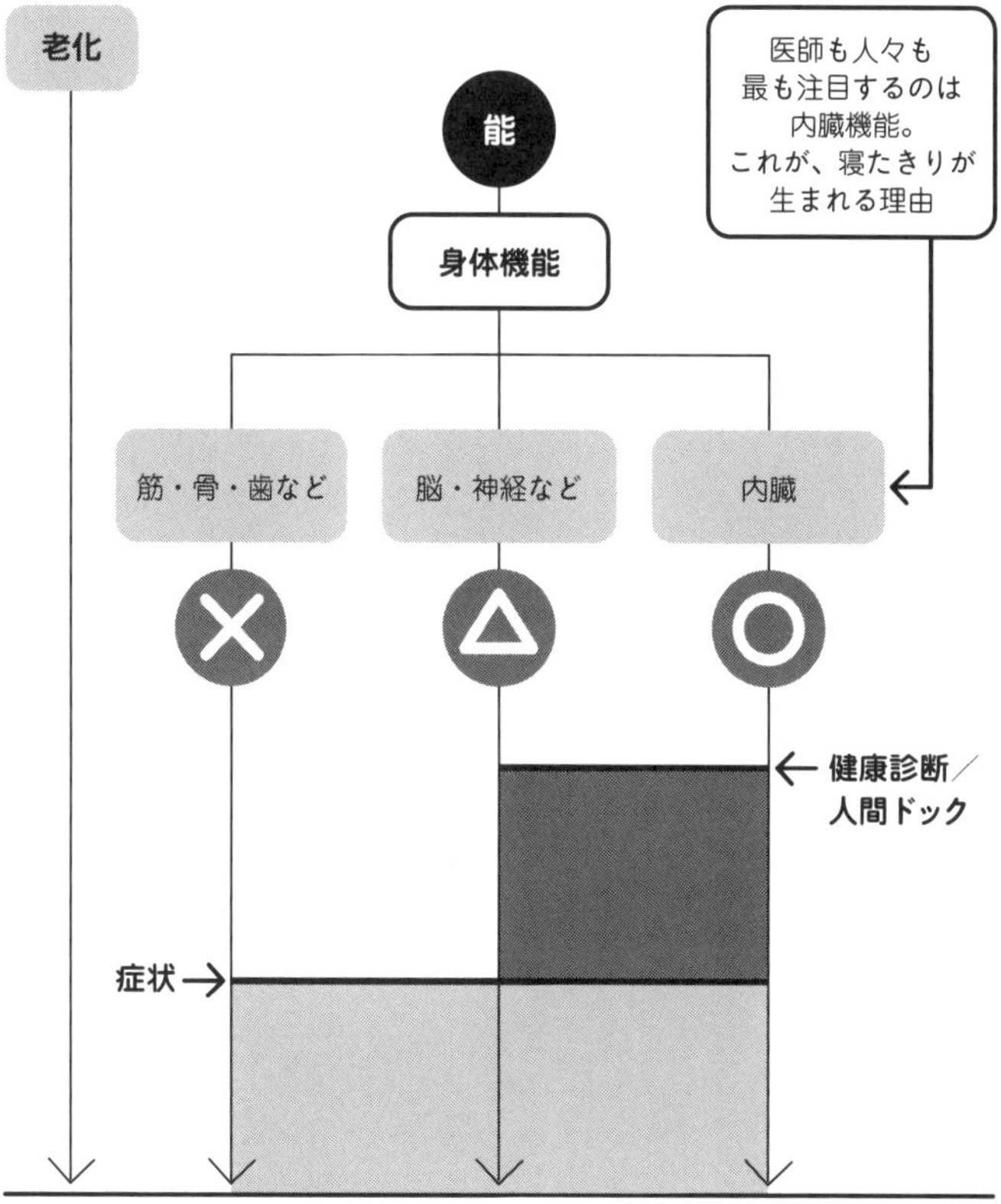

出所：著者（辻直樹）作成

「寝たきり」を生んでいるのは日本社会？

身体機能に着目せず、内臓機能のケアばかりに励む。

ピンピンでいるための努力はせずに、「コロリを防ぐ」ための努力に一生懸命。

ピンピンコロリを望んでいるにもかかわらず、自らはその逆へ逆へと行こうとしているわけです。

これは日本の医療制度も関係しているでしょう。

国民皆保険、手厚い医療、手厚い介護制度……。

日本が誇る医療制度ですが、その医療自体が着目するのも、大半が内臓機能、つまり「病気（病名がつくもの）」に関するものです。

最近は徐々に増えてきてはいるものの、健康診断や人間ドックでの検査項目に、身体機能に関わるものはほとんどありません。

もちろん「気・能・美」の要である「気」などは、何も着目されていないでしょう。

さらに日本のメディアでも、「老後」「健康」というテーマであれば、多くが病気に関する話題を取り上げます。つまり**「病気にならないこと」至上主義**なわけです。

もちろん病気にならないことは大切です。

しかし前述のように、**「内臓機能は大丈夫だけど、身体が動かない」状態は、寝たきりを生み続けるだけ**です。

男性＝平均８・７３年間
女性＝平均12・０６年間

よく「寝たきり平均11年」と言われる今の日本の背景には、**医療のそしてメディアの、身体機能へのプライオリティの低さもある**のではないでしょうか。

では海外ではどうか？

たとえば**欧米では、身体機能への着目度は日本よりもはるかに高い**です。

中でもトップ１％の人の「身体づくり」は、それは熱心なものです。

リゾートホテルなどへ泊まった際にも、欧米人は朝早くから併設のジムでトレーニングに励んでいます。

もちろんその中には、60代以上の年配層もたくさんいます。ジム内は大変な混雑で、トレーニングマシンの取り合いとなっています。

そして朝からホテル周辺をジョギング。

こうして**「動ける身体」の維持に余念がない**わけです。

それに対して日本人は「何でリゾートに来てまでトレーニングしているんだろう」と不思議な気持ちになるかもしれません。

しかし、欧米人にとってそれは「当たり前の習慣」なのです。

ましてや介護保険もないアメリカでは、「やがては寝たきり？」なんていう発想は持てるものではありません。

これはトップ１％に限ったことではありませんが、ピンピンコロリはスタンダード。実現して当然なことなのです。

図表10 日本の65歳以上の要介護者数の推移

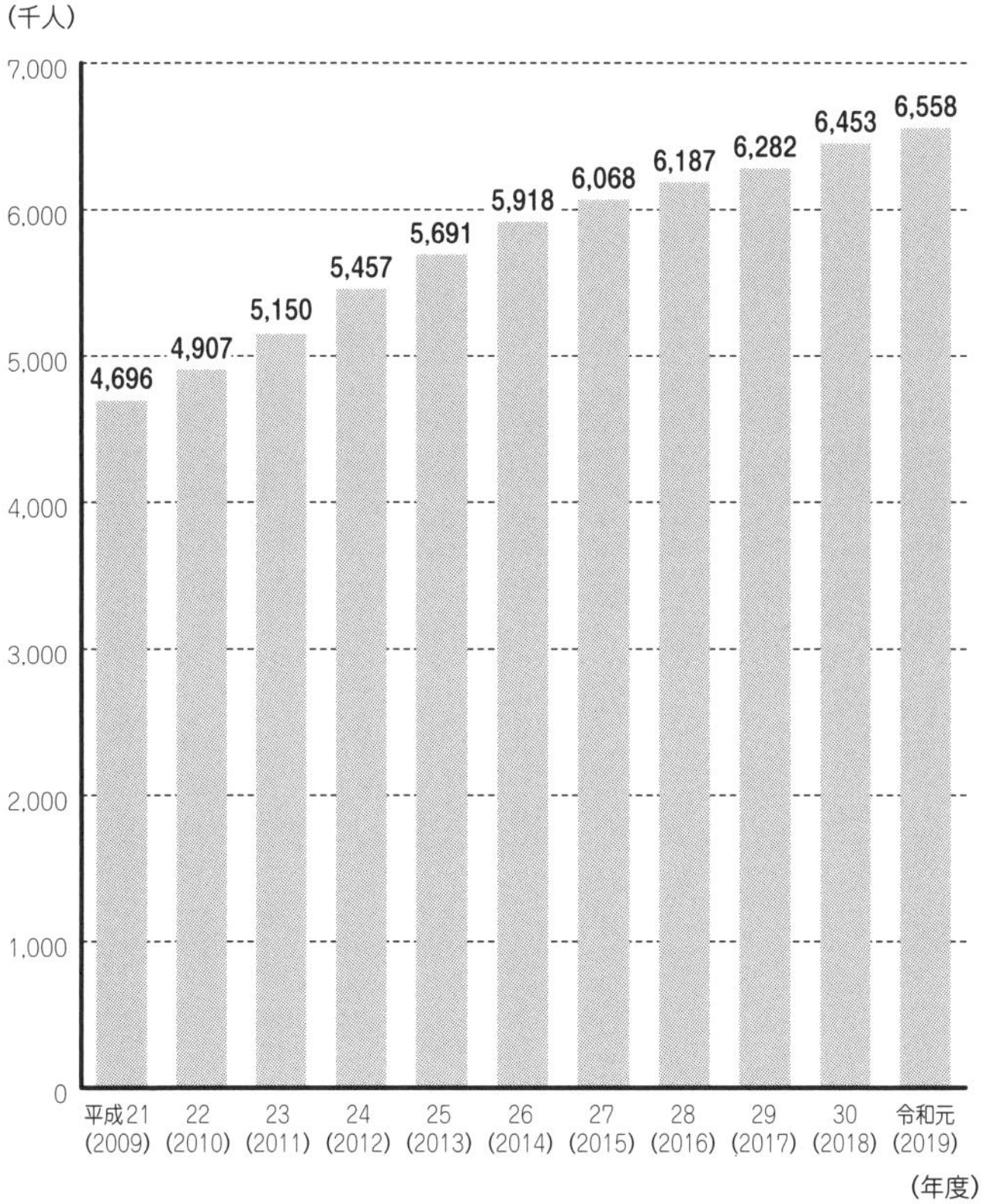

出所：内閣府「令和4年版高齢社会白書」
https://www8.cao.go.jp/kourei/whitepaper/w-2022/html/zenbun/s1_2_2.html

「いつまでも自分の身体を動かしていたい」

「ピンピンコロリで死にたい」


手厚い日本の医療制度も、残念ながらそのための施策に関してはあまり手助けにはならないものです。

エネルギッシュに生き、寝たきりにならない。

そのためには、自らが能動的に動くしかないのです。

あなたが目指す人生は「高級老人ホーム」行き？

ビジネススキル、事業経営スキル、投資のスキル、自己啓発……。

日本のビジネス書には、「成功者になるための本」としてこうしたジャンルのものが数多くあります。

ビジネスで成功を収め、お金を稼ぐことは素晴らしいことです。

しかし、**〝その先〟の人生をあなたはどう設計する**でしょう？

「お金をたくさん持っていれば、豊かな老後が送れる」

そう考える人も多いでしょう。

病院は高級な個室に入院、あるいはゴージャスな高級老人ホームで手厚い介護を。

そんな老後を理想と考えられるでしょうか？

「高級老人ホームに入居して快適な老後を送る」

極端な言い方をすれば、それは1つの「成功者像」のように見えるかもしれません。しかし、以前インターネットの配信番組で紹介されていたこんな話もあります。

ある老舗ライブハウスの経営者がリタイアして、入会金2億円の〝海の見える〟高級老人ホームに入居したそうです。

「これで俺はハッピーだ！」

「優雅な老後生活を送れそうだ！」

そう考えての入居だったそうですが……、わずか2年でこの老人ホームを退去したそうです。

高級老人ホームに入居している老人たちは、みなお金持ちで、リタイアしたトップビジネスパーソンばかりだったと言います。

その人たちの会話は、大抵が「過去の栄光」の話。

自分がどれだけ稼いだか、どれだけの成功を収めたかを、車椅子に乗りながら毎日くどくどと話していたそうです。

「俺が居たいのは、こんな場所じゃない」

「こんなところでは死にたくない。俺は自分の足で歩いて、若いヤツと酒を飲みながら死んでいきたい」

老舗ライブハウスの経営者であった彼はそう悟ったということです。

「起きて半畳寝て一畳」という言葉があります。

たとえば病院でどんなに広い個室に入院しようが、立派な設備の老人ホームに入居しようが、立ったり座ったりのスペースは限られたもの。寝ているのは同じ「ベッドの上」です。

にもかかわらず、日本では高級な老人ホームの数が増えています。

これは日本のデベロッパーの考えのせいでもあるでしょう。

「日本の富裕層は老後、どうしたいのか?」「高級な老人ホームでのびのびと過ごしたいだろう」……安直にそう考えてしまいがちなのです。そこで、次々と富裕層向けの老人ホームを建設する。

しかし、トップ1%の人たちは違う考えを持っています。

「老人ホームには入りたくない」

というふうに、むしろ逆の考えなのです。

エネルギー値の高いままに、自分の身体を使って、いつまでも活躍する。彼ら彼女らのほとんどはそう考えています。

「入居費数億円の高級老人ホーム」

たしかに、聞こえはいいです。また我々日本人は「老後は老人ホームへ」をお決まりのコースのように考えてしまい、そのゴールが「少しでも高級であること」を目指してしまいがちです。

「定年まで勤め上げ、退職金をたくさんもらい、年金ももらい、潤沢な貯蓄があれば優良な老人ホームへ」

そういったこれまで常識とされてきた人生コースは、知らずに刷り込まれていたものかもしれません。

しかし、**「老人ホームへ入る」ことは、単なる結果論**です。そこを目指す必要はなく、当然のことながら、**ゴールは自分自身で決めていい**のです。

人のQOLは数値化できない

これまでお話ししてきたことから、**「QOL（Quality Of Life：クオリティ・オブ・ライフ）」**という言葉を連想された方もいるでしょう。

クオリティ・オブ・ライフ、すなわち**生活の質、命の質**です。

どれだけ自分らしく、幸福に満ちた生活ができているかということで使われることが多い言葉ですが、このQOLは、当然〝人によって〟違います。

ある人にとっては、前述のように「高級老人ホームで過ごす」ことがQOLのポイントだったりするかもしれませんし、また「いつまでもエネルギー値の高いままでいること」が自分のQOLだという人もいるでしょう。

要は、**QOLは人それぞれの「価値観」に基づいたもの**です。

したがって、決して数値化できるものではありません。

それに対して、数値化して指標にできるものといえば、それは**「寿命」**です。「何歳まで生きられたか」は、誰が見ても一目瞭然。だから、健康の指標として寿命が用いられる。

しかし、「75歳まで生きるのと95歳まで生きるのでは、95歳まで生きたほうが幸せ。QOLが高い」かといえば……、もちろんそうとは限りません。言い方は悪いかもしれませんが、「長寿だからハッピーなわけではない」ということです。

私の考える幸福な生き方は、言ってみれば**「QOLが高いまま生き、QOLが高いままに死を迎える」**というものです。

もちろん、これも人それぞれの価値観の問題ですが。

さらにQOLを深く考えるには、自分の「気・能・美」の中で、どの要素を重視するのか、まで具体的に掘り下げてもいいでしょう。

たとえば私自身の場合、日々進化するアンチエイジングの研究に没入し、新たな知見を得続ける生活を送ることこそが、QOLの高い生き方なわけです。

したがって、大切なのは自分を動かすエネルギーを司《つかさど》る「気」。そして考えるための「脳」の部分です。

極端な話ですが、たとえ車椅子生活になっても、研究ができるのであれば身体機能は重視しない。その代わり考えることができなくなったら、生きていても仕方がない……という思いです。


私の知るトップ1％は、みな自身のＱＯＬを強く意識したうえで、身体について考えています。

「あのスピードで走れなくなったら、自分はもう引退」と考えるアスリート。

「ステージに立てないならば存在価値はない」と考えるミュージシャン。

また、いつまでも「美しさ」を重要視する人もいるでしょう。

「毎日仲間とお酒を飲んで楽しむことができなくなったら、自分はもうオシマイ」などと考えるのも、その人の価値観の問題です。


「死ぬことよりも、ＱＯＬを失うことのほうがずっと怖い」

多くのトップ1％がそう考えていることでしょう。

もちろん命は大切ですが、ＱＯＬについては？

残念ながら、人はみな「死を迎える」ということは確実です。

これも極端な言い方ですが、「死なないこと」に関する投資も大事だとはいえ、**「どう生き続けるか」に投資することはもっと大事**だと思うのです。

ＱＯＬは人が決めるものではない。

そしてその**ＱＯＬの「守り方」も、自分自身で決めていかなければならない**のです。

トップ1%は知っている……「気」は医療の分野——①

何度も繰り返しますが、「気・能・美」のうちで最も大切なのは、すべてのもととなるエネルギーを司る「気」の部分です。ＱＯＬを考えるうえでは、この気、エネルギーから目を背けるわけにはいきません。

しかし、日本の医療は、この気の部分に関してはほとんど目を向けていません。

内臓機能、つまり「病気」に関する治療・検査では、たしかに日本の医療は高いクオリティを持っています。

そして最近、脳ドックの普及に代表されるように、ようやく「脳神経」への着目度合いも高まってきました。

「美」もまた、美容外科の普及で一般的なものになっています。

「身体機能」はといえば……。

これはまだまだ遅れていると言ってもいいでしょう。

人工関節などの技術は進化していますが、身体機能のトラブルを未然に防ぐには、やはり個人個人の運動などを重視する必要があります。

前述のように、大切な「気」に関してはほとんど無視です。

かろうじて心療内科が「うつ病」を扱う程度で、これもまた「病気であるかないか」を問題にするものです。

しかし、この**「気」が充実していれば、つまりエネルギー値が高い状態であれば、実は身体機能に関わる「運動」も楽しくなる**のです。

そして、その運動の成果として「動ける身体」を維持できるのであれば、それはとても良いことなのですが。

「いつまでもエネルギッシュに生きるための対策」については、国の医療制度が何から何まで面倒を見てくれるわけではありません。

「『気』は精神論」「ポジティブシンキング的な話」……冗談ではなく、そう捉えている人も多いことでしょう。

では、「気」とは医療で何もできないのかといえば……。
実はそんなことはありません。
これは東洋医学でいう「気の流れ」とも違います。
いわば、**医療によって「エネルギーを産生させる」**というもの。
「エネルギーは治療で増やせる」
まずはこの事実を知っていただきたいと思います。

トップ1%は知っている……「気」は医療の分野――②

「エネルギーを高める治療」
「酸化と炎症を抑える治療」

この2つが、**「気」にアプローチする医療**です。

ターゲットとなるのは、**人間の細胞「ミトコンドリア」**です。

ミトコンドリアが体内で何をしているかを簡単に言えば、**「エネルギーを産生している」**ということ。

言ってみれば、**ミトコンドリアはエネルギーの発電所**です。

そしてエネルギーを発電させる際には、排気ガスが発生します。これが**「活性酸素」**と呼ばれるもので、身体を酸化させてしまいます。

したがって、**気＝エネルギーの治療とは、ミトコンドリアを修復しエネルギー値を**

高め、かつ活性酸素を除去して、炎症を抑える必要があります。

「エネルギー値を高める」と聞くと、「エネルギーを高める身体に良いものを取り入れること」と捉える人もいるでしょう。

しかしそれだけではありません。これは気の治療に限ったことではないのですが、**医療は「足し算」だけでは危険**です。

たとえば新たに発見された注目の成分。「〇〇という成分がお肌にいいですよ」というだけで、美容整形外科などでは簡単に投与してしまう場合も多いものです。

とはいえ、考えれば当然のことですが、細胞レベルでは自分に合ったもの、合わない（悪さをする）ものはある、ということです。

さらに言えば、たとえ自分にとって良い因子を身体に入れたとしても、それが簡単に体外へ出ていってしまう……ダダ漏れになってしまっていれば、何の意味もありません。

では、自分（の細胞）にとって何が必要なのか？　排除すべきものは何なのか？　そして良い因子が出ていく「穴」を塞ぐにはどうすればいいか？

それは人によってまちまちで、精密検査・診断・処置が必要です。

私のクリニックでは多項目にわたる精密な検査を、海外医療機関と連携しながら行っています。また、クライアントごとに処置は異なるので、長時間のヒアリングも欠かせません。

ですから、エネルギーの治療は手間がかかることも事実。日本の医療制度が簡単に介入できないことの理由でもあります。

いつまでもエネルギー値を高く保ち、理想のＱＯＬを続けていこうと考えるトップ１％は、こうした事実をわかったうえで、「気」、エネルギーの治療を受けているのです。

「若返り」の研究は着実に進化している

アンチエイジング医療の〝根底〟とも言えるものに、１９５０年にはじまったパラバイオーシス（Parabiosis：並体結合）という研究があります。

この研究でどんな実験が行われたかというと……。

「高齢のマウスと若いマウスの血管、皮膚を結合させ、３カ月後に切り離す」

その結果、どうなったか？

高齢のマウスは若返り、若いマウスは老化が進んでいたのです。

若返ったとは、具体的に言えば、筋力、心肺機能、認知能力などがアップしていたということです。

老化はその逆です。

高齢のマウスは、若いマウスから何かが流れてきて若返った。

若いマウスは、高齢のマウスから何かが流れてきて年老いた。

それは何か？　それを見つけろ！　という研究です。

当初は「人が若返っていくための研究」として〝マッド・サイエンス〟とも言われたこうした研究が、一般には知られないままに、これまで地道に続けられてきました。

なぜ、知られなかったのか？

そう、研究テーマがあまりにもブッ飛んでいて、「人は歳を重ねれば老いるもの」が当たり前と考える人々には、関係のないことだったからです。

「大富豪や王族が〝不老不死〟を追い求める」

それが物語の世界だけでなく、現実に研究として進められていたのです。

そしてこの研究のおかげで、第4章で紹介するようなさまざまな要素が発見されました。


「老化を防ぐためには、何を排除すればいいのか？」

「若々しくいるためには、何が必要なのか？」

そうしたことが、細胞レベルで具体的にわかってきたのです。

もちろんこの研究はまだ完璧なものではありません。

たとえば、こうした誰も知らなかった特別な研究によって、〝世界レベルのトップ1%〟、誰もが知るトップセレブリティ、各国の要人が、映画『ベンジャミン・バトン 数奇な人生』のようにどんどん若返っていったなら、「人が若返ることは可能なんだ」ということが証明されたと言えるわけです。

しかしそのような例を、私たちはまだ見ることができていません。


とはいえ、**「老化防止」「若返り」の研究は、着実に進化**しています。

私がこの分野に本格的に乗り出した20年ほど前と比べれば、老化防止に必要なピースは格段に増えています。

これは明確な医学の進化と言えるでしょう。


かつては特別であり、ピースひとつを手に入れるために「数億円」を費やさなければばならなかったものが、どんどん一般的になってきているのです。

今後もこうした研究は着実に進んでいくことでしょう。

現在、「老化を食い止める」取り組みは、決してマッド・サイエンス的なものではありません。

そして、マウスの実験でも明らかになったように、アンチエイジング医療の基本は極めてシンプルなものです。


「老化因子に対応する」

「同時に、若返り因子を増加させる」


このことに尽きるのです。

「人の老化」と「国の老化」は同じようなもの？

「自分にとって**不要な**『**老化因子**』は何か？」
「自分にとって**必要な**『**若返り因子**』は何か？」

それを**徹底的な検査によって明確にする**。

言ってみれば、これが**アンチエイジング医療のスタート地点**です。

細胞の損傷・衰え、遺伝子の変異、代謝の低下、炎症反応の増加……具体的な老化因子にはさまざまな要因があります。

そして若返り因子は、後述する「ＮＡＤ」や各種栄養素、遺伝子など、老化を食い止める物質のこと。

「老化因子は加齢とともに増加し、若返り因子は加齢とともに減少する」

残念ながら、これが**「人が歳を取る」**ということです。

そこで私たちアンチエイジングの医師は、この2つの課題にメスを入れるのです。

こうした**「身体の老化」に関する問題……それは「今の日本が抱える、国家衰退の問題」**とも似ています。

誰もが知るように、今の日本で問題となっているのは、人口の減少・人材不足。

具体的には少子化による「若年層の減少」です。

それに伴い**高齢者＝老人の数が増加**。年金受給者、介護人口が増えることで、国にとってはこのケアに関しても大きな負担となっています。

「国力を支える若い働き手は減少し、**多大なケアを必要とする**老人は増加する」

……国家が衰えていくのは、明らかですよね。

人間の身体もまた、同様の流れをたどります。

「日本の人口」を、「1人の人間が持つ細胞」とします。

①正常細胞を減らしてしまう
②正常細胞を変異させて老化細胞にする

細かい説明は省きますが、人間の老化因子は、自らの身体にこのような働きかけをしてしまいます。

「老化するということは、細胞の数（絶対数）がどんどん減っていくこと」

そう考える人も多くいるでしょう。

かつてはそれが一般的な考えではありましたが、研究が進むにつれ、老化は単に細胞が減るのではなく、**「老化細胞が増える」**という側面が大きいことがわかっています。

シミやシワなどの老化現象も、細胞が少なくなってしまった結果ではなく、老化細胞が増えたということが原因なわけです。

国家の問題に置き換えれば、「国に人の数が少ない」ことではなく、「国が老人であふれている」ことが問題だ、ということです。

そして、老化因子が増加していくのは、前述のように、人が歳を取るうえでは決して避けられないことなのです。

「身体を支える**正常細胞（若い働き手）は減少し、老化細胞（老人）が増えていく**」

ということです。何の施策もしなければ、ただどんどん衰えていくばかりなのは当然のことでしょう。

この「衰退」の問題に気づき、衰えることに立ち向かっているのが、本書でいう「トップ1％」の人たちです。

「何もできなくなって、国の厄介者にされるのではなく、死ぬまで働いて、死ぬまで納税するさ」と彼ら彼女らの多くは、そう考えていることでしょう。

「高級老人ホームで悠々自適に」

「国が保障してくれる老後」

そんなことは望んでいません。

衰えない肉体、衰えない頭脳、衰えないエネルギーを欲し、自らが自らを支えて生きていこうとしているのです。

私たちの考える「トップ1％」……それは決して保有する資産の額だけで決まるものではありません。

図表11 「身体の老化」と「国家の老化」は同じ

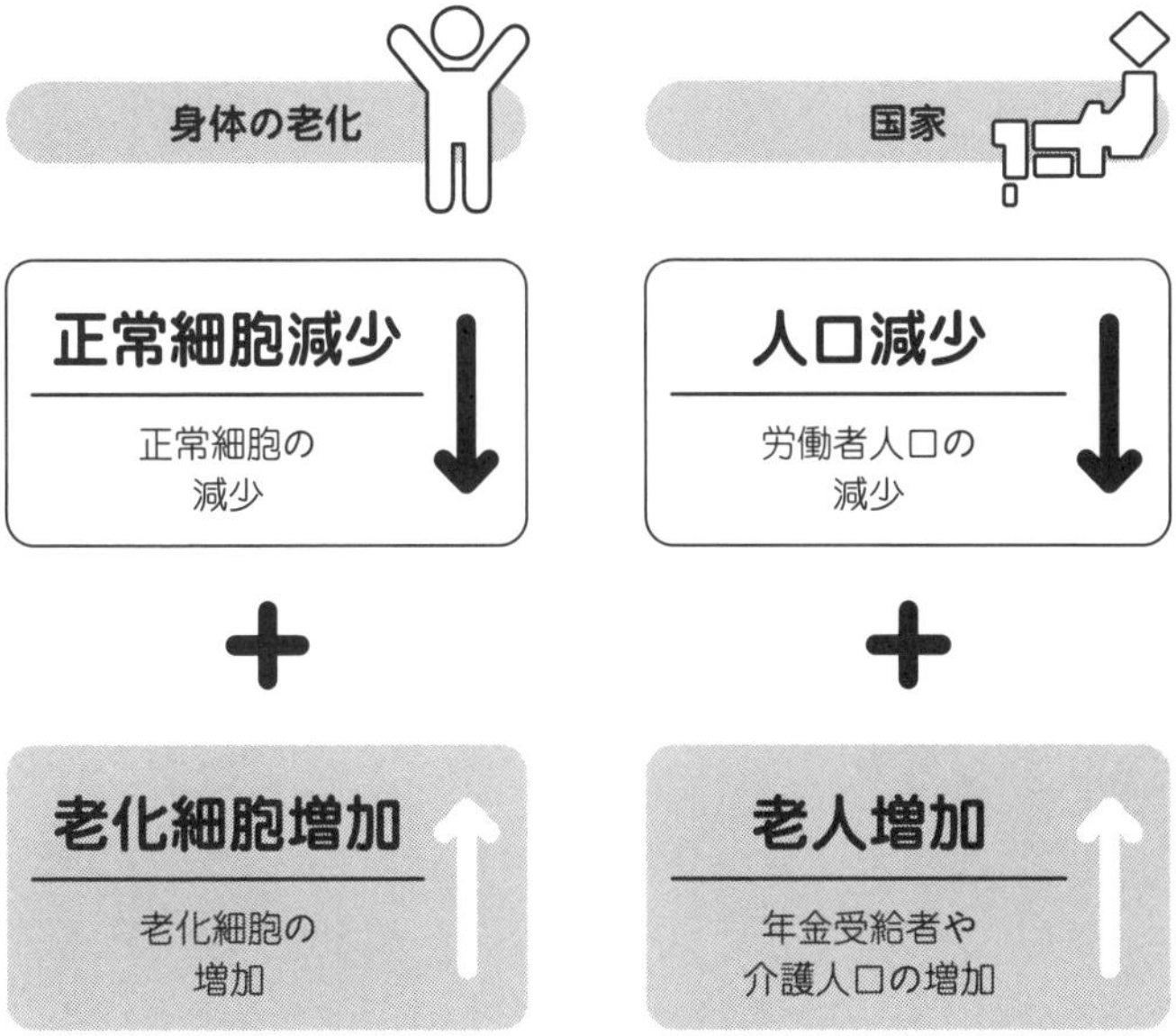

出所：著者（辻直樹）作成

自身の目標達成、自己実現。

社会への貢献。

最後まで高いＱＯＬ。

進化し続けるアンチエイジング医療を味方にして、いつまでも若々しく、エネルギッシュに生きていくことを目指しているのが、トップ1％の人たちです。

第4章

トップ1％の「アンチエイジング」

「エネルギー治療」とは「細胞治療」

ここでは、人の身体の中でエネルギーが産生される仕組みについて簡単に解説していきましょう。

第3章でお話ししたように、人間の〝エネルギー〟を産生しているのは、人間の持つおよそ40兆個もの細胞の一つひとつに存在する**「ミトコンドリア」**という楕円形の小器官で、1つの細胞の中に数百〜数千ほど存在します。

私たちが吸い込んだ酸素、そして私たちが摂取する炭水化物、タンパク質、脂肪などの栄養素をもとに、ミトコンドリアは**「ATP（Adenosine TriPhosphate：アデノシン三リン酸）」**というエネルギーを合成します。

ミトコンドリアが電気を作る発電所だとすれば、ATPは電気そのもの、と考えるとイメージが湧きやすいかもしれません。

体内で産生されたエネルギーは、次のようなさまざまな細胞に作用します。

- **幹細胞**
- **免疫細胞**
- **神経細胞**
- **筋肉細胞**
- **他の臓器細胞**

まずは**「幹細胞」**。ここで使われるのは、細胞再生のためのエネルギーです。**「減った細胞を増やすためのエネルギー」で、欠乏すると再生機能が低下**します。

次に**「免疫細胞」**。**人体の免疫活動を促すためのエネルギー**です。

続けて**「神経細胞」**。**脳神経をはじめとした身体中の神経活動に必要なエネルギー**です。

「筋肉細胞」もまた、ATPによって動かされます。**心筋を含む筋肉の活動のためのエネルギーで、欠乏すると〝動けない身体〟になってしまう**のです。

そして**「他の臓器細胞」**。**各臓器を動かすためのエネルギー**です。欠乏すると臓器機能が低下し、いわゆる「病気」になるわけです。

要するに、**ATPは人間の生命活動になくてはならないエネルギーで、これが枯渇してしまうと、いわゆる「死」を迎える**のです。

また、ミトコンドリアがATPを産生する際には、エネルギーを発電させるので、排気ガスが発生します。これが**「活性酸素」**と呼ばれるもので、身体を酸化させ、炎症を起こしてしまいます。

したがって、**気＝エネルギーの治療とは、ミトコンドリアにフォーカスし、ATPというエネルギーの産生を促す**、というものです。

残念ながら、人間は〝成長〟のフェーズを終えると、「気・能・美」はすべて低下していきます。当然エネルギーの量も落ちてくる。エネルギーが欠乏すると、前述のようにさまざまな細胞がダメージを受けてしまうのです。

このときに**何とかATPの産生を低下させないようにするのが、「いつまでも若々しくいる」ための、真の意味でのアンチエイジング医療**の1つです。

図表12 ミトコンドリアがATPを産生する

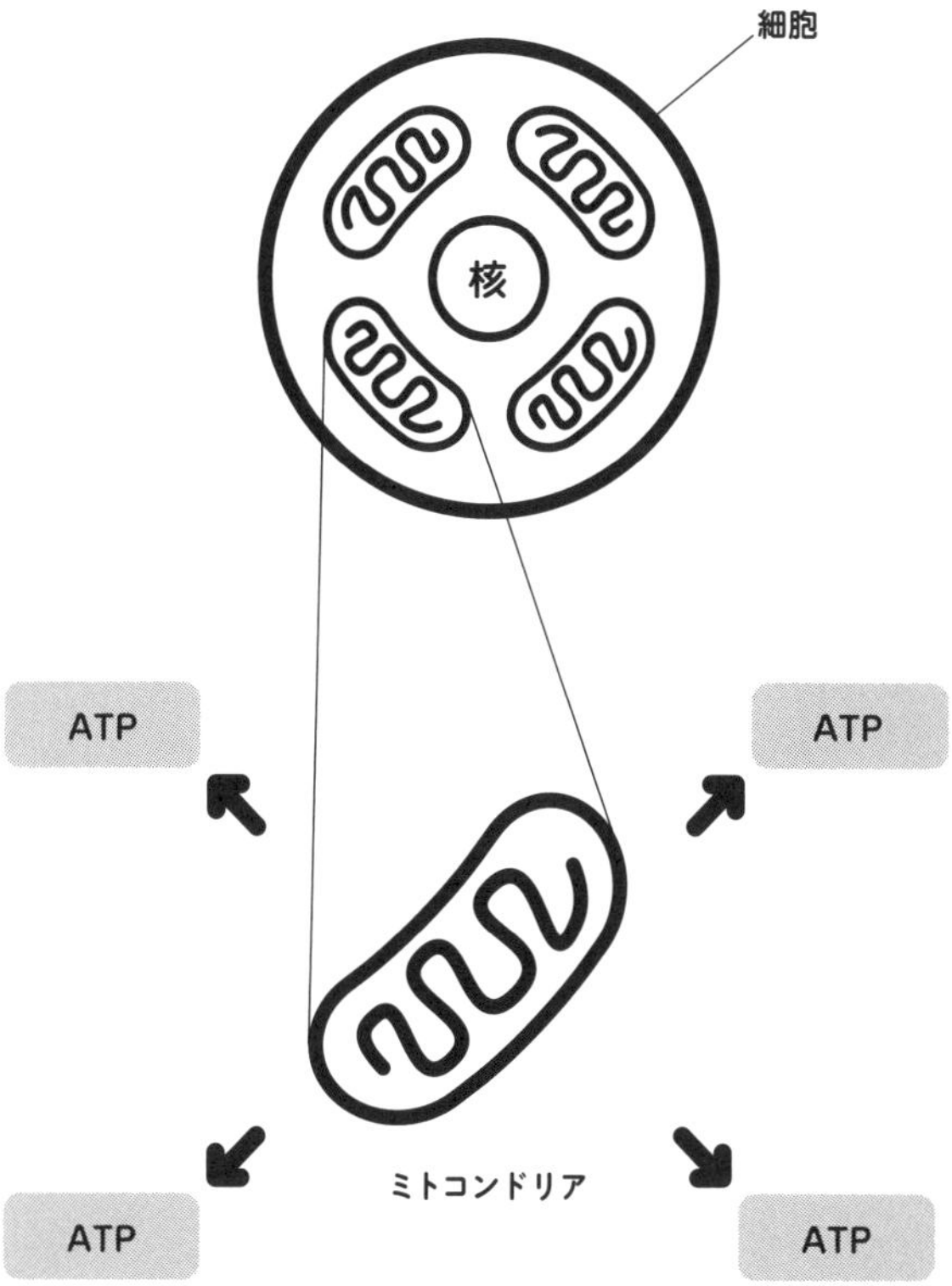

出所：著者（辻直樹）作成

エネルギー産生に大切なNAD

ミトコンドリアでのＡＴＰ（エネルギー）産生のために、非常に大切な酵素があります。それが**「NAD（Nicotinamide Adenine Dinucleotide）」**です。

正式名称は**「ニコチンアミド・アデニン・ジヌクレオチド」**といい、正確には**「補酵素」**に分類されるもので、補酵素としては**体内に一番多く存在**するものです。

ナイアシンのNAM（ニコチンアミド）が代謝されNMN（ニコチンアミド・モノ・ヌクレオチド）になり、NMNが代謝され、NADになります。

ＮＡＭやＮＭＮ自体には、身体を何とかする働きはありません。

肝心なのは、そこから合成されるＮＡＤです。**このNAD、いつまでも若々しくいるために、そして病気にならないよう身体を「修復」するためにと、実に重要な役割を持つ、人間にとって非常に大切なもの**なのです。

図表13 NADができるまでの合成

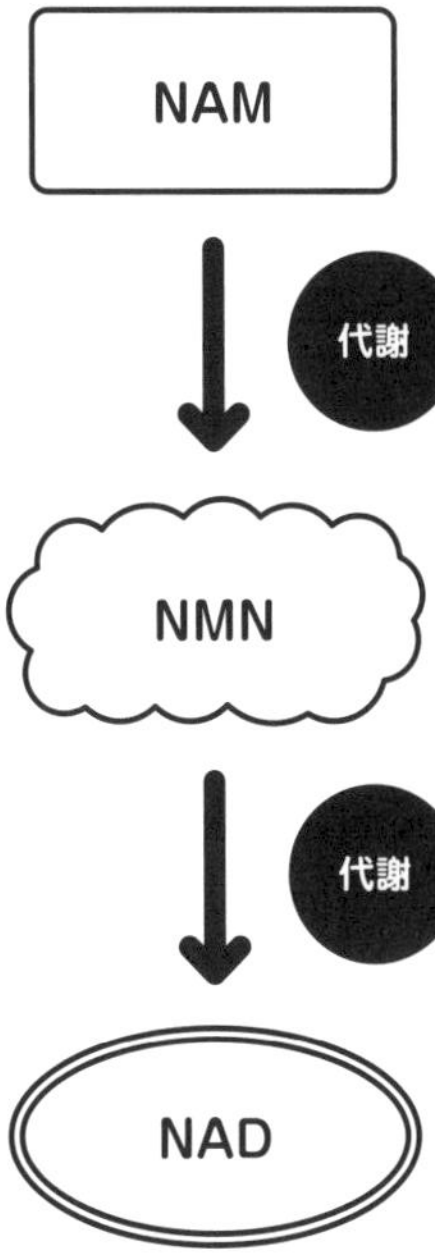

出所：著者（辻直樹）作成

「サーチュイン遺伝子」という言葉を聞いたことがあるでしょうか？

「長寿遺伝子」とも呼ばれて最近注目されているものです。

サーチュイン遺伝子の役割は、簡単に言えば、身体の「修復」作業。

抗炎症機能、ＤＮＡ修復サポート、代謝調整、オートファジー、アポトーシス（細胞死）調整、そしてストレス抵抗性の維持など……。こうした働きによって、傷んだ身体を修復するのがサーチュイン遺伝子です。

ちなみに、少し専門的になってしまいますが、ＮＡＤとサーチュイン遺伝子の関係性は、次のような流れです。

①何か身体で問題が起こる（炎症、ＤＮＡ損傷など）
②サーチュイン遺伝子が活性化する
③サーチュイン蛋白（ＳＩＲＴ酵素）が合成される
④サーチュイン蛋白（ＳＩＲＴ酵素）が、ＮＡＤを使って（ＮＡＤを分解することによって）動く
⑤その結果、修復系の効果が出る

ごく単純に言ってしまうと、**NADが体内に多ければ多いほど（体内での濃度が高いほど）、エネルギーは産生しやすくなり、同時に身体の修復作業も進められる**、ということですね。

「抗酸化機能の維持」「解毒機能の維持」「ホルモンの合成」、そして分解して「SIRT酵素」「PARP酵素」を作り出し、「刺激（ストレスなど）、DNA損傷や免疫発動に対応する」。

これらも、見逃すことのできないNADの働きです。

しかし、この**大切なNADは加齢とともに減少**していきます。

「ちょっと見ない間に、すっかり大きくなったねえ〜」

なんていう会話がよくありますよね。

生まれたばかりの赤ちゃんが短期間であっという間に倍の大きさに成長することができるのも、体内にNADが満ちあふれているからです。

成長のフェーズをとっくに終えた大人が、急に身体を倍に大きくするなんてことはあり得ません。

「ＮＡＤを増やす」
これが具体的なミトコンドリアへの治療の１つであり、今、アンチエイジング医療で最も注目されている施策なのです。

ＮＡＤがどれだけ大切なものなのか、何となくでもおわかりいただけたでしょうか？

私たちのクリニックでは、ＮＡＤがまさにアンチエイジングにとっての〝虎の子〟だと認識しています。

大切なNADのために身体の「浪費活動」を控える

・エネルギーの合成、さらには遺伝子の合成、ホルモンの合成、活性酸素から細胞を保護するグルタチオンを再利用（GSHリサイクル）。
・サーチュイン遺伝子による細胞の修復、メンテナンス、機能維持。

NADの働きは、大きく分けてこの2つです。

大切なのは、前者の働き。要は**エネルギーを作り出すこと**です。エネルギッシュに、いつまでもハイパフォーマーでいるという命題のためには、NADの保持は最重要課題です。それに対して後者の働きは、言ってみればNADの「消費活動」です。

「人の身体が傷んでくる」のは、自然の摂理。ここで傷んだ細胞を修復し、メンテナンスするためにNADを使うのは、やむを得ないことです。

ＮＡＤはお金と同様に大切なものに使いたい。エネルギーの「産生」だけに使って、なるべく「消費」はしたくない（エネルギー作りにだけ使っていたい）ものですが、そうはいかないのです。

ただ、この産生と消費、インとアウトがバランスよく進んでいるのならば、あまり問題はないのですが、私たち人間の生活には、このバランスを阻害してしまう厄介なものがあります。それは、活性酸素による酸化ストレス、紫外線、化学物質、電磁波、感染、外傷、アレルギー、睡眠不足、メンタルの不調……。

いわゆる大まかに**「ストレス」と呼ばれるもの**です。言ってみれば、ＮＡＤの**「浪費」に使われる**ものです。これらによって遺伝子の損傷や体内の炎症が増えてしまい、その結果、ＮＡＤ＋（ニコチンアミド・アデニン・ジヌクレオチド）は分解利用されます。

分解されたＮＡＤ＋はＮＡＭ（ナイアシンアミド）とＡＤＰリボースに分解され、ＡＤＰリボースがＳＩＲＴ／ＰＡＲＰ／ＣＤ38／ＳＡＲＭの活性に利用されます。あまったＮＡＭはＮＡＭ→ＮＭＮ→ＮＡＤ＋という代謝に戻るのですが、残念なことに、この合成、代謝の機能は年齢とともに衰えてしまうのです。

消費に使われるNADの量が多くなり、産生と消費のバランスも大きく狂ってしまい、大切なエネルギー産生のために使われるNADが減ってしまう。遺伝子・ホルモンの合成や抗酸化・解毒といった働きも弱まり、結果、病気になることがあるのです。

若い頃はある程度のストレスがあっても元気でいられたのが、歳を取るとそういうわけにもいかなくなる。つまり、若い頃は多少の浪費をしてもそう大きな影響はないけれど、歳を取ってからの浪費は、**すぐにお金がなくなってしまう……**というようなものです。

このNAD減少の流れを断ち切るには、アンチエイジング治療によってNADを増やす試みとともに、当然〝浪費を抑える〟ことが必要です。どんなにNADを増やそうとしても、それ以上にストレスが多すぎては間に合いません。

したがって、単純に理想を言えば、いつまでもエネルギッシュにいるためには、浪費は〝ゼロ〟であったほうがいい。お金はすべて本当に必要なことにだけ使い、ムダなことには一切使わない……そんな感じですね。

しかしそれはあくまでも理想です。私たちの日常は、浪費、すなわちストレスに満ちあふれています。たとえば添加物や紫外線、さまざまな悩みから来る精神的ストレスなどなど……それらを完全にゼロにすることは、現実的には不可能でしょう。空気を吸っている以上、「活性酸素をゼロにする」なんてことも当然できないのです。

言ってみれば、私たちの身体は**たくさんの穴が開いたバケツ**のようなもので、日々、その穴からNADが流れ出て行っているような状態なのです。

そして、「穴の開いていないバケツ」でいることは、できないのです。

それはこの本でいう〝トップ1％〟の人々も同様です。いや、毎日精力的に活動し、肉体や頭脳、メンタルを酷使する彼ら彼女らは、人一倍浪費の要素が多いかもしれません。

「ストレスなんて感じない」

たとえそう考えていたとしても、身体がストレスと判断した際には、サーチュイン遺伝子も発動しますし、NADの分解も進んでしまいます。

だからこそ、この事実を知ったトップ1％の人々は、誰よりもエネルギーの産生のための施策に積極的に取り組もうとするのです。

図表14 NADの働き

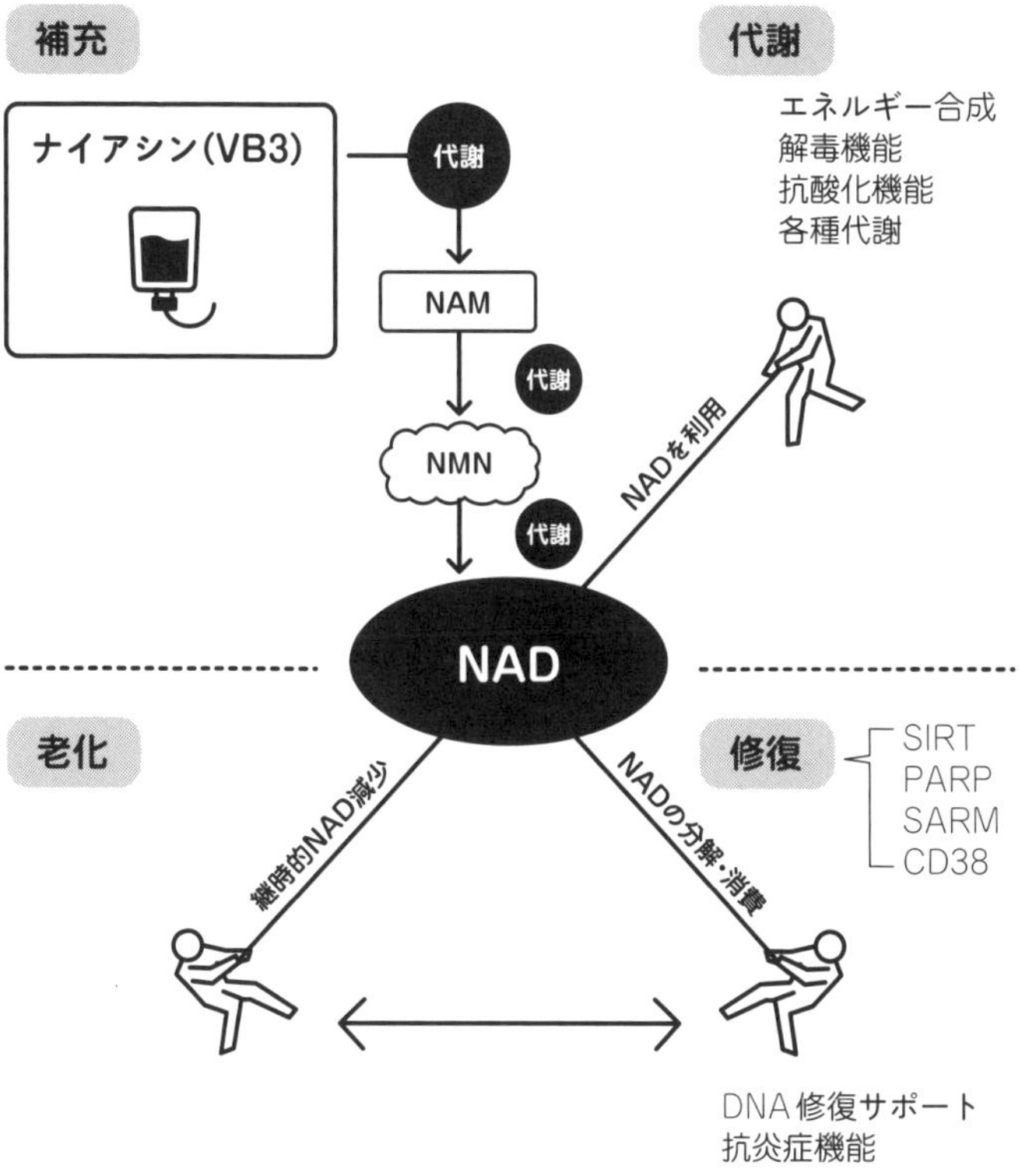

出所：サーチュインクリニック大阪 鈴木嘉洋院長作成

図表15 バケツの穴を塞げ

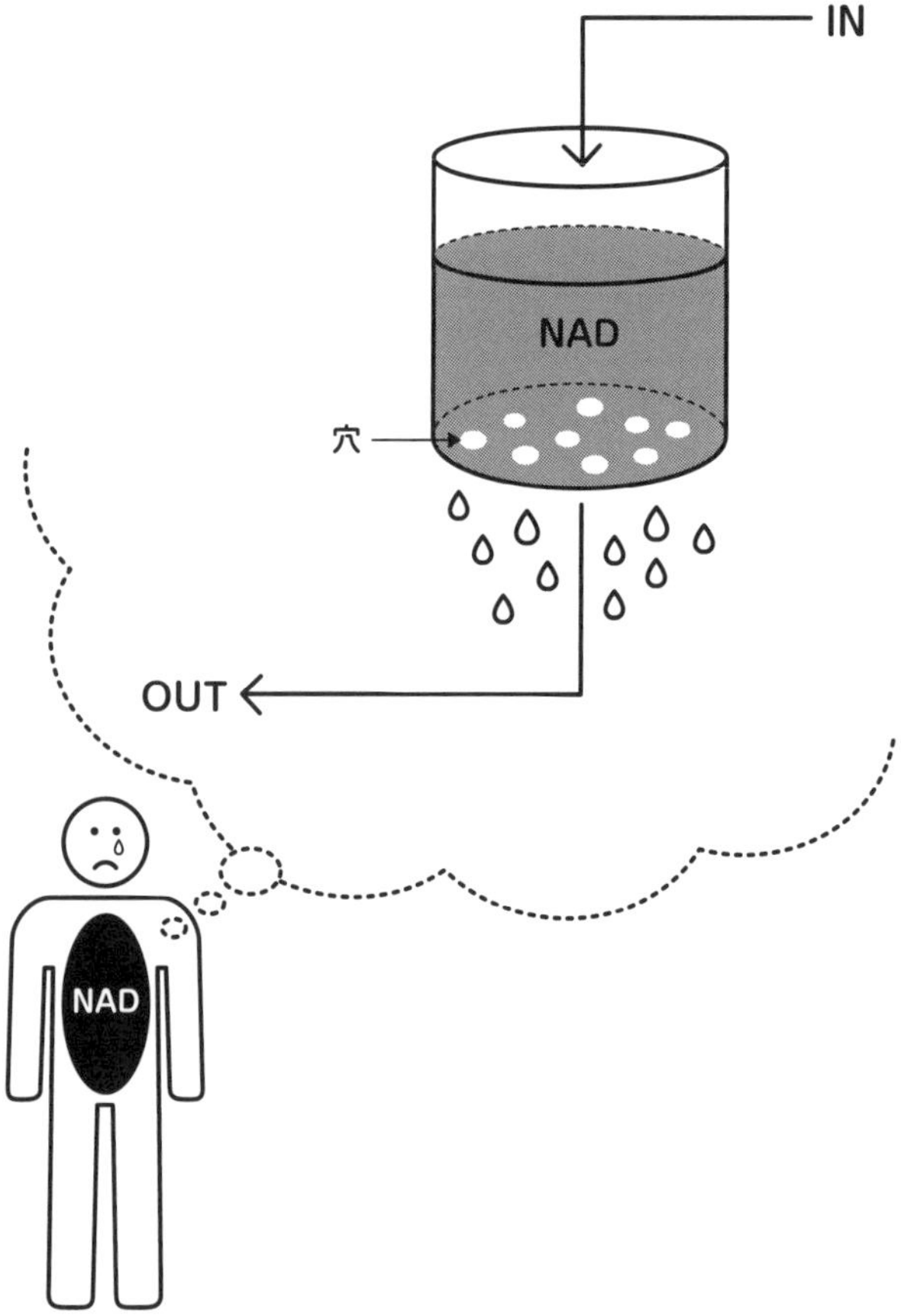

出所：著者（辻直樹）作成

浪費をゼロにすることはできない。

しかし、少しでもお金＝NADを大切なエネルギー産生のために使おうと考えるのならば、できる限り**〝バケツの穴〟を塞ぐ**こと、ストレスのもとを絶つ取り組みを始めるべきです。

それが、いわゆる「健康的な生き方」ということになるのでしょう。

「細胞のダメージ」に着目して〝ガス欠〟による死を防ぐ

あなたも**「心不全」**という言葉を聞いたことがあるでしょう。

簡単に言えば、**心臓の機能（血液を送るポンプ機能）が働かなくなり、心臓が止まる＝死に至る**というものです。

「心筋梗塞」は、心臓の血管が詰まって酸素がいかなくなり、心臓が壊死するという病気。

解剖すれば、その痕跡ははっきりとわかります。

それに対して心不全は、解剖をしても、血管にも心臓を動かす筋肉にも何も問題は見当たらないことが多いものです。

今まで動いていた心臓が、突然動かなくなる。何が原因かといえば、そう、ガス欠、**つまり「エネルギー不足」**です。

「車が止まっちゃった！」……それはどこかが故障したからとは限りません。大抵の場合は、ガス欠。単純にガソリンが切れていたということです。

これと同じことが人間の体内でも起こり得ます。

また、細胞が発するエネルギー＝ＡＴＰが行き渡らなくなり、身体機能が衰えた状態（歩けない、立てないなど）が、「フレイル」と呼ばれるものです。

これもまた、言い方を変えれば「エネルギー不足」ということですね。

私たちは生きていくうえで、実に大量のＡＴＰを使わなければなりません。

第2章でお話ししたように、脳というコンピュータを動かすだけで、大量の〝電力〟が必要となります。

これもまたＡＴＰ、エネルギーです。

大量のＡＴＰを産生するためには、当然大量のＮＡＤが必要です。

そして、ＮＡＤの役割には、前述のように身体の修復もあります。

ＮＡＤが足りなければ、傷んだ身体を修復することもできず、極端に言えば**「ただ死を待つ」という状態**になるでしょう。

「歳を重ねると、細胞がダメになる」

よくそのような言われ方をしますが、アンチエイジングで先に着目すべきは、**ダメになった細胞ではなく、まだ優秀な細胞にエネルギーが供給できなくなる**ことでしょう。

順番としては、次のような感じです。

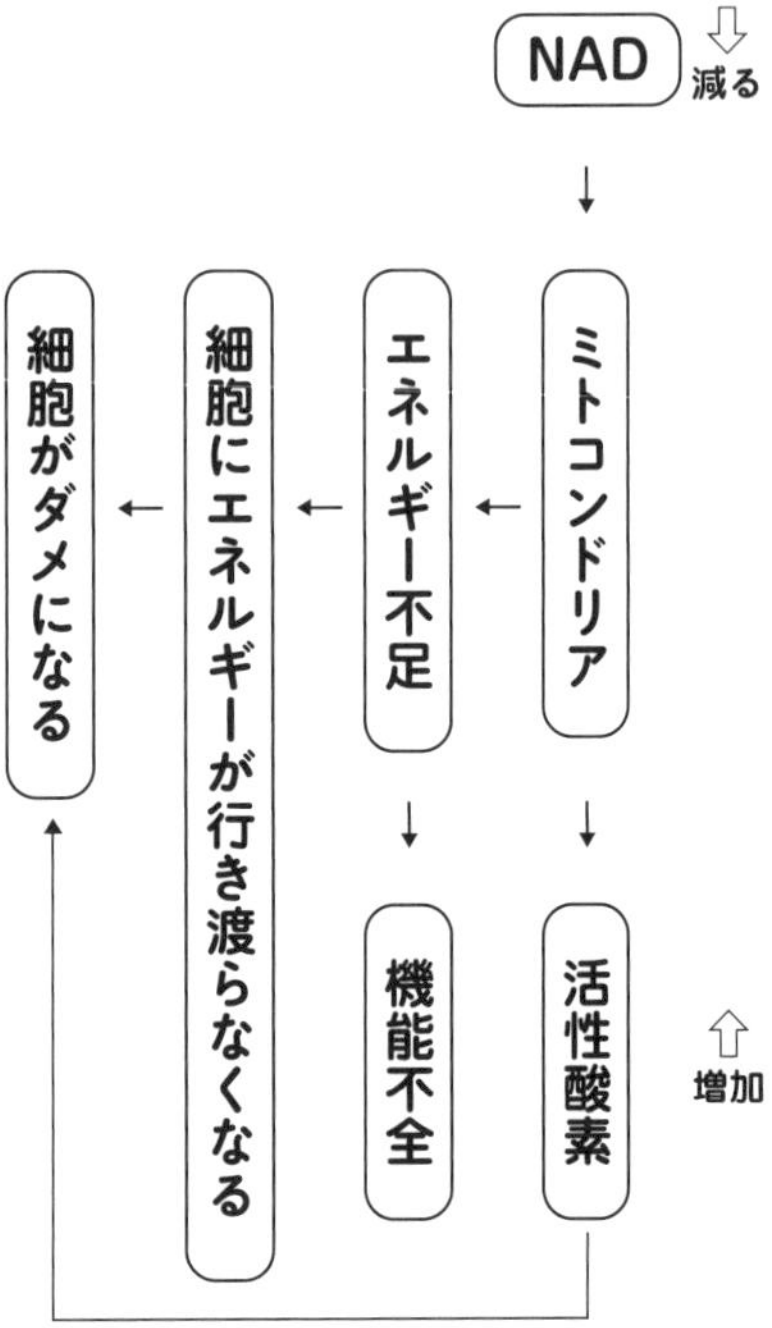

身体を再生させる幹細胞、がん細胞などを殺す免疫細胞、うつ病や認知症を防ぐ神経細胞、身体を動かす心筋を含む筋肉細胞、臓器障害を防ぐ他の臓器細胞、そして気・能・美の「美」に関わり、脱毛や皮膚のシワやたるみを防ぐ毛母細胞・皮膚細胞。

あらゆる細胞には当然、エネルギーの供給が必要です。そして細胞の「修復」にもエネルギーは必要です。

そのエネルギー産生のカギを握っているのが、NADの存在なのです。

「自分の身体にNADが足りているか?」
今の日本の健康診断や人間ドックでは明確に知ることはできません。

ここまでお読みいただいてもうおわかりかと思いますが、**「疲れ」もまたエネルギー不足の表れです**。

第2章で、「疲れた」は身体が衰えていくことの大きな前兆、とお話ししたように、突然死や修復機能の低下に至る**NADの状態は、「細胞レベル」の検査でなければ知ることはできない**のです。

NADは企業にとっての「キャッシュ」のようなもの

加齢とともにNADは減っていきます。

同時に加齢によって細胞の組成は変化し、ダメになる細胞がその割合を増やしていきます。まるで、日本の高齢化社会のようです。

ダメになった細胞はその都度修復され、修復できないものは老化細胞となり、慢性疾患の原因になります。

あるいはがん細胞となって悪性腫瘍、すなわち、がんを作り出します。免疫細胞ががん化したものが白血病、一番厄介なのは幹細胞ががん化したがん幹細胞です（これは今の段階ではほとんど治らないがんといわれています）。

いずれにしても修復の際には、ただでさえ減っていくNADをそこでまた使わなければなりません。

見方を変えれば、**ＮＡＤが十分足りているのであれば、細胞や臓器に何かあったらすぐに修復できます**。

したがって**再生医療も必要ない**、ということです。

ケガなどの外的要因がなく、永遠に細胞の修復が叶うのならば、幹細胞移植も必要ない、いわば「不老不死」が可能になるわけです。

しかし、現実にはどうしてもＮＡＤを使うことは避けられません。ストレスを受けた身体を修復する必要があるためです。

ならば**少しでもＮＡＤを増やし、ムダな使い方をしないようにする**、というのがアンチエイジングの考え方です。

生命活動を**企業活動にたとえるならば、ＮＡＤは企業が保有する潤沢な「キャッシュ」**のようなものです。どんなに優秀な経営者であっても、キャッシュがまったくなければ何もできません。しかし、潤沢なキャッシュがあれば、事業を拡大するなど、さまざまな活動ができるはずです。

図表16 NADは企業活動にたとえると「キャッシュ」

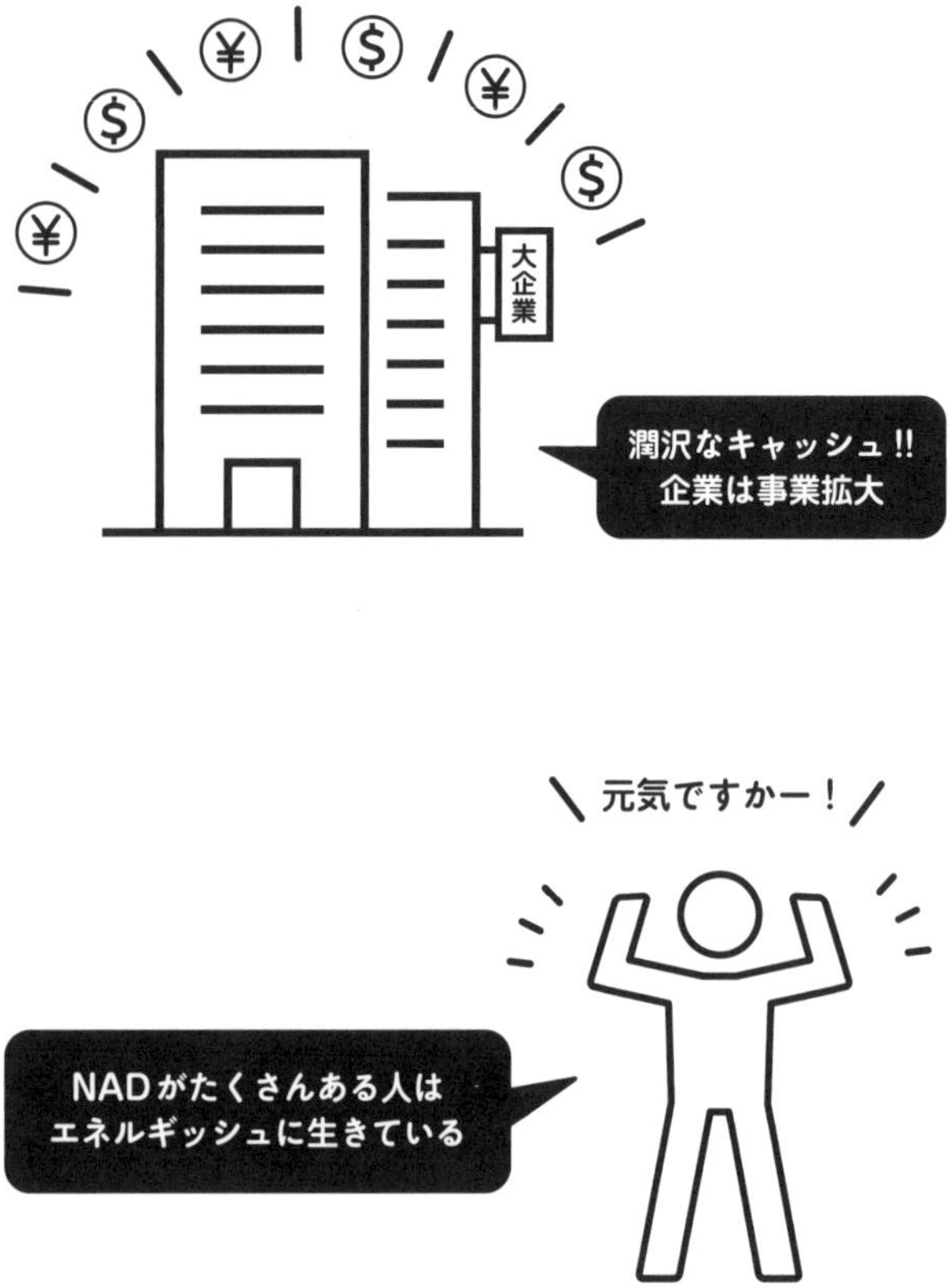

出所：著者（辻直樹）作成

究極の予防医療は「遺伝子」レベルにフォーカス

「アンチエイジングは細胞に着目する」
「細胞レベルの検査でなければ自分のＮＡＤが足りているかどうかはわからない」

そうお話ししてきましたが、**実は「究極の予防医療」という観点からすれば、着目するところは細胞レベルではなく、「遺伝子」のレベル**です。そういう意味では、今の予防医療は日進月歩、究極に近づいているのではないかと思います。

人間の身体で何が最初に衰え、ダメになるかといえば、それは**遺伝子**です。
遺伝子に問題がなければ、細胞をリペアし続けることができます。しかし遺伝子はダメになる。

遺伝子がダメになり、細胞がダメになり、そのずっと後に「臓器」がダメになる、というのが、老化の順番です。

人間の身体には約40兆個の細胞があります。その細胞が1個ダメになり、2個ダメになり……どんどんダメな細胞が溜まっていき、臓器がダメになります。その**ダメな細胞を作ってしまう源が、遺伝子**というわけです。

一般的な日本の医療は、最後の段階である「臓器がダメになる」という段階で各種の検査を行っています。これが第1章でお話しした「予防医療」と「早期発見医療」の混同です。**真の意味での予防医療は、臓器にダメな細胞が溜まる以前の段階に着目**するわけです。

とはいえ、早期発見医療によって、病気の治療がどんどん〝前倒し〟にできていることは、間違いありません。

かつて病気は「症状（痛い、苦しいといった自覚症状）」が発現してはじめて治療が行われるものでした。

どこも痛くない、苦しくないのに「病院へ行く」などということはあり得なかったのです。

しかし、健康診断と人間ドックがその常識を変えました。

「症状がなくても病院へ行く」

「治療のタイミングを前倒しにする」

これは健康診断と人間ドックの、ひいてはそれを広めた医学博士の故・日野原重明先生の素晴らしい功績でしょう。

「症状がないのに検査をするなんて何事だ！」

昭和の時代、上司からそう叱責されても、日野原先生は「無症状の段階から医療が介入すべきだ」と主張し、人間ドックを創始されたといいます。

病気の治療の前倒しを実現させた健康診断と人間ドック。

今、医療はさらに次のフェーズに入ったと言ってもいいのではないでしょうか。

「臓器」のみへの着目（検査）から、細胞、そして遺伝子への着目へと。

「細胞のレベルでの検査」

「遺伝子のレベルでの検査」

それがこれからの医療のスタンダードになるはずです。

また、染色体の末端に存在し、寿命に大きく関与するといわれている「テロメア」。あるいは「ＤＮＡの損傷の修復」。

今注目されているこれらの遺伝子のダメージに関する研究も、それらはあくまでもダメージの１つに過ぎません。

今後ますます研究は進んでいくことでしょう。

ただ、現在わかっているのは、そうした遺伝子のダメージの修復の際にも、やはり**「どうしてもＮＡＤが必要」**ということなのです。

「『NAD』で若返る」というわけではない

エネルギーを産生させるＮＡＤについて触れてきましたが、ここで誤解していただきたくないことがあります。

「ＮＡＤを増やすのがすなわちアンチエイジング」
「ＮＡＤを体内に入れる治療がアンチエイジング」
というわけではない、ということです。

たしかにエネルギー、そしてそれを産生するＮＡＤは、アンチエイジングの大切なピースです。

しかし、大切なのはそれだけではありません。

アンチエイジングには「修復」「排除」「再生」という3つのシステムがあります。

「修復」とは文字どおり、**細胞、遺伝子を〝リペア〟すること**ですね。

「排除」とは、**免疫細胞によって有害な細胞（老化した細胞、がん細胞など）を排除、追い出すこと**です。

そして「再生」とは、**新たな細胞を作り出すこと**。

この3つのシステムの中で**最優先に大切にしたいのが、「修復」**です。

前述のように、修復のシステムさえうまくいっていれば、身体は常に修復を繰り返し、極論、人は死ぬことはありません（もちろんそれは現実的ではないのですが）。

壊れたら修復、壊れたら修復……。

そんな中で、もう修復ができなくなったものは、免疫細胞によって「排除」され、幹細胞によって新たな細胞が「再生」されます。

修復ができないから細胞を「排除」しなければならない。修復ができないから細胞の「再生」を促さなければならない。

逆に言えば、**修復さえできていれば、排除も再生もいらない**、ということになるわけです。

だから、最初に着目するのが修復なのです。

排除を司る免疫細胞も、再生を司る幹細胞も、老化によって損傷をきたします。その際にも、それぞれの細胞の修復が必要なのです。

NADは、エネルギーを産生することでこの「修復作業」の軸になっているもの。だから大切なのです。


なお、人間は食事などから栄養素を取り込んだり、サーチュイン遺伝子のスイッチをオンにしたりすることで、自ら体内にNADを作り出すことができます。

ただし、日々の生活でさらされるさまざまな外部刺激（活性酸素、紫外線、電磁波など）によって、NADは減少します。

老化によって、そもそもの自発的な補充機能が低下するので、外部から補充するのがNAD療法です。

外部刺激によってもNADは消費されるため、前述したNADのバケツに開いた穴から漏れていきます。しかも穴は数百種類あり、人によってもその数は違います。そのため、穴を塞ぐには、修復も同時に行います。

これが、医学的なアプローチです。

どの業界でもあり得ることですが、キーワードの知名度が上がると、名ばかりの粗悪品が横行することがあります。

それらしい名前がついている商品であれば何でもいい、誰にでも同じように当てはまる、というわけではありません。

「ＮＡＤを体内に入れれば若返る」

……なんていう単純な話ではないのです。

人は「死ぬ運命」からは逃れられない

人間の身体は、20年ごとに社殿を造り替える伊勢神宮の「式年遷宮」のようなものです。

壊れない完璧な身体などなく、修復を繰り返しつつも、ある程度の年月が経ったら、スクラップ&ビルド、すなわち排除と再生によって造り替えます。

しかし人の身体で厄介なのが、**「排除されたくない」と訴える細胞が出てきてしまうこと**です。

修復が利かない細胞は、アポトーシス（細胞死）後免疫によって排除されます。しかし中には、「老化細胞」「がん細胞」になって居座ろうとする細胞も、必ずあるのです。

だからどんな人でも、1日に1万個は必ずがん細胞ができている。**赤ちゃんのときから歳を重ねるごとに、老化細胞は必ずできている**のです。

たとえば私の知り合いに、「がんは最近の病気」という勘違いをしている人がいますが、この細胞の居座りは、人類がいにしえから繰り返してきたものです。

なぜ、昔はがんがなかったように感じるかといえば、病名として診断されなかったから、というだけです。

「じいちゃん、歳を取ったから、食欲もなくだんだん痩せ細って死んじゃった」

「寿命だったんだね」

たとえば江戸時代などにそんなことがあったら、それはがんであった可能性がとても高いでしょう。まさに〝知らぬが仏〟です。

また**「日本人にはがんが多い」と思われているのも、検査の体制が確立されているので、それだけ発見率が高い**、ということです。

修復を繰り返し、修復できなかったものは排除する。悪質な細胞は強制的に排除する。これを「老化」の姿と捉えるならば、「再生」の役割は意外と小さいということにお気づきになるでしょう。

「再生医療に力を入れれば、長生きできるんじゃないか」

「再生医療」という言葉にも、世間にはちょっとした誤解があります。

図表17 正常細胞のサイクル

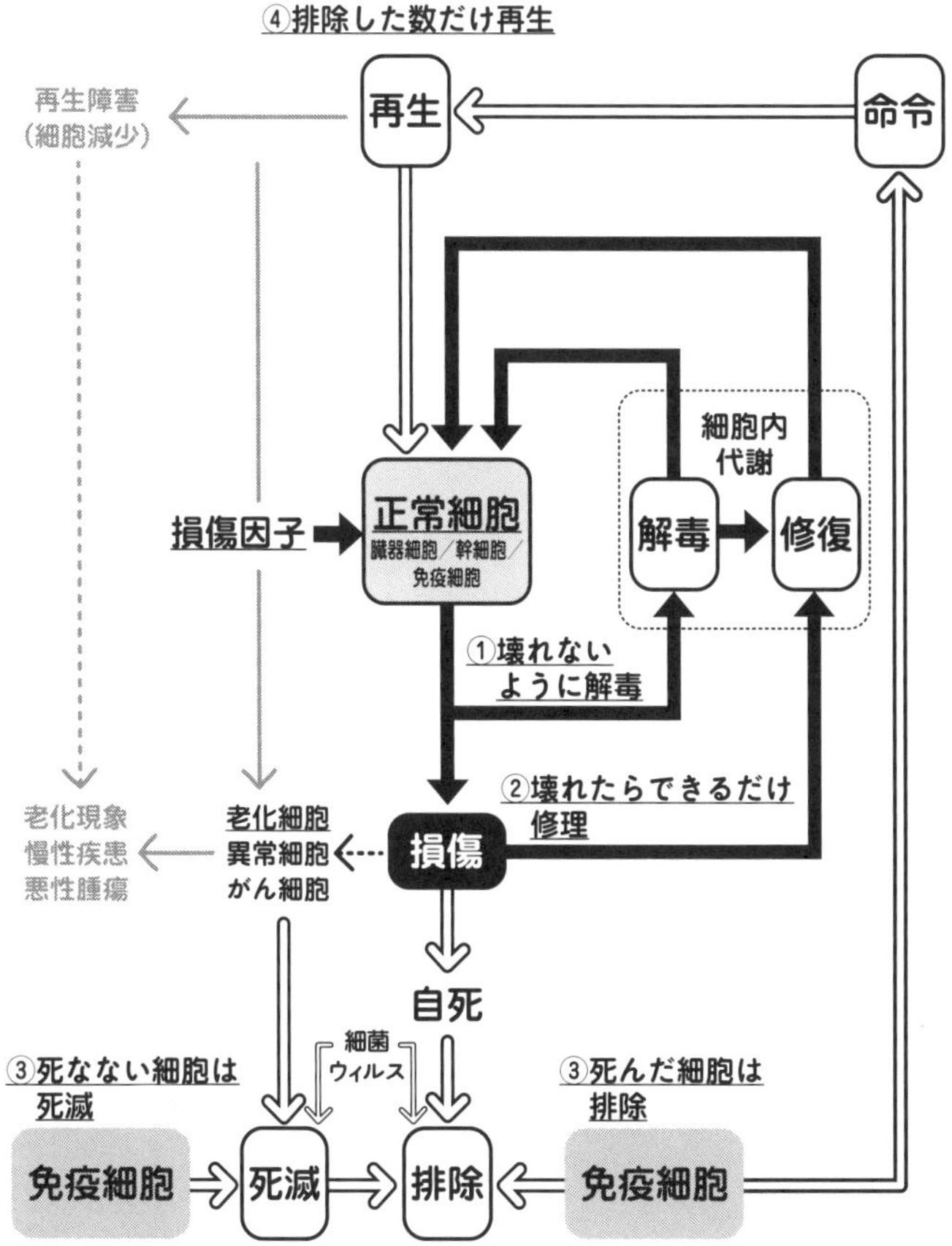

出所：著者（辻直樹）作成

再生医療は、ケガや感染症などで「失ったもの」を再生させるのが本来の目的で、アンチエイジングとはあまり関係のないものです。

アンチエイジングとは、そもそも「老化させない」ことが目的。だから**一番大切なのはその都度のメンテナンス、修復**なのです。

「ダメになった細胞は、確実に死んで排除される」

そうしたことであれば話はシンプルなのですが、異常細胞、老化細胞、がん細胞は確実に生まれます。これが身体の他の機能と関係性を持ち、何らかの役割を果たしている、たとえば身体の自浄作用に影響があるような「必要悪」みたいなものだったら意味はあるのでしょうが……。

残念ながら、悪質な細胞は悪質な細胞でしかありません。

なぜこんな細胞が生まれてしまうのか……？

それを考えるとなかなか難しいのですが、医師としては「死ぬことは運命。不老不死はない」「やはり人は何とかして『死に向かおうとしている』のかな」などと思ってしまうのです。

今、アンチエイジングのピースが揃ってきた！

今現在、再生医療の分野で積極的に治療を行っているのが、**「幹細胞移植」、そして「幹細胞培養上清液／エクソソーム」**です。

幹細胞とは、ダメージを受けた身体の組織を維持するために細胞を生み出して補充する、という能力を持った細胞のこと。

この幹細胞を患者に移植してダメージを受けた組織を治療するのが、幹細胞移植という治療法です。

幹細胞培養上清液とは、人から抽出された幹細胞を培養する際に出る上澄み液のことで、この中には細胞を増やしたり活性化させたりする成長因子をはじめ、さまざまな物質が含まれています。

エクソソームとは、その幹細胞上清液に含まれている成分を含む小胞の一つです。

エクソソームに含まれる核酸のマイクロRNA／メッセンジャーRNAは、遺伝子の発現を調節するなど、細胞の機能に大きな影響を及ぼします。

また成長因子は幹細胞培養上清液中に存在するものの他に、エクソソームの中にも含まれています。エクソソームは再生医療で現在特に注目を集めており、当院でも積極的に治療に取り入れて、大きな成果を上げています。

第3章で、人間の老化因子には「正常細胞を減らしてしまう」ことと「正常細胞を変異させて老化細胞にする」ことの働きかけがある、というお話をしました。

幹細胞移植、幹細胞培養上清液／エクソソームの治療が注目を集めているのは、「臓器の再生」の側面です。

したがって、単に幹細胞を移植する、エクソソームを加える、といったことのみでは、「老化細胞の増加」への対応はできないのです。

この最新医療の効果を倍増させるためのポイントは、**幹細胞移植・エクソソームの治療を行う場合には「免疫強化・老化細胞除去」も併せて行う、**ということです。

再生医療は、今現在、積極的な治療が行われています。特に注目すべきは、臓器の再生でしょう。

体内の臓器細胞の再生は前述の「幹細胞移植」によって達成できます。

ただし、**臓器には「再生困難」なものも存在します**。

再生困難な臓器の代表は、脳・聴覚系の臓器などです。これらについては「再生」ではなく、オートファジーやDNA修復によって生まれたときの細胞を極力維持する「解毒」「修復」が重要なファクターです。

つまりここでは、それらにとって欠かせないNADの存在が、非常に重要なものとなります。

現在、体外で人工的に幹細胞から必要な臓器を製造し、製造した臓器を手術で移植するという方法は可能であり、心臓や網膜に関してはこうした手術が行われています。

・幹細胞移植、エクソソームが対応する細胞を再生
・NMN／NADを利用した解毒、修復、免疫強化の治療

これらのアンチエイジング治療の現在は、まさに〝ピースが揃ってきた〟状態と言えるでしょう。この2つは前述したように、当院でも積極的に取り入れ、大きな成果を上げています。

一方、医療の進化のスピードは大変速いもので、新たな発見、研究によって今までになかった治療法もどんどん生み出されています。臨床段階に入っている未来のアンチエイジング治療は、次の2つです。

・老化細胞を除去するセノリティクス（senolytics）
・老化細胞遺伝子をリプログラミング

「セノリティクス（senolytics）」は、免疫で排除しきれない老化細胞を老化細胞除去薬を使って排除する治療のことを言います。

セノリティクス（老化細胞除去薬）は新規化合物だけでなく、過去に使用されている薬剤の中から、いくつかの「老化細胞除去作用を持つ薬剤」が見つかっています。
「遺伝子のリプログラミング」は、老化細胞の遺伝子を、遺伝子リプログラミング剤を使って修復する治療のことを言います。

遺伝子のリプログラミングは、老化細胞だけでなく、がん細胞に対しても有効で、老化細胞／がん細胞をリプログラミングすることによって、それらの細胞を殺すのではなく「正常細胞に戻す」という治療です（有名なのが「山中因子」を使ったリプログラミングです）。

それ以外にもマイクロＲＮＡを使ったリプログラミングが我々の研究チームにおいても試されています。

現在、「再生医療」は治療の手段として積極的に行われています。近い未来、さらなる発展を遂げる再生医療に、私たちは大きな期待を抱いてもいいでしょう。

アンチエイジングは、確実に日々進化をしているのです。

第5章

トップ1%の「カラダ投資」

トップ1%は「一生働き続けたい」人たち

俣野　これまでのお話で、日本人のQOL（クオリティ・オブ・ライフ）、老後観、人生観のようなものを考えるきっかけをもらったという読者も多いかと思います。

一方で、中には「アンチエイジングは富裕層のための医療」と捉えてしまうような人もいるかもしれません。

辻先生は日本の「富裕層」についてはどうお考えでしょうか？

辻　私はアンチエイジング医療を「富裕層のための医療」などと考えたことは一度もありません。また、「富裕層」という言葉も少し微妙で、たとえば大地主などの富裕層には、お金を〝生み出すこと〟よりも、お金を〝使わないこと〟〝遺す、引き継がせること〟に注力しているような人もよく見られます。

保野　誤解を恐れずに言えば、先祖の遺産を守る富裕層は、自分の資産が「自分のパフォーマンス、能力」ではない、ということを何となく感じているのかもしれませんね。代々受け継いできた土地であるとか、老舗の企業であれば、その会社の歴史や培ってきたさまざまな技術、人脈など……。

1人の自分という存在よりも、代々受け継いできた資産を大切に守り、次の世代に渡すことが宿命というわけですね。

辻　たとえば創業社長のように一代で成り上がってきた人たちは、本当に自分のビジネスパーソンとしてのパフォーマンスを維持することへの投資に余念がありません。私のクリニックを訪れる人たちも、たしかにそういう人が多いです。

そういう意味では、**アンチエイジングは決して「富裕層のための医療」とは言えないと思う**のです。

保有している資産の額の問題ではなく、トップアスリート、トップ経営者、トップアーティスト……**お金を生み出す源泉がすべて〝自分〟である人、それが私の見ている「トップ1％」**ということになりますね。

保野　豊かな資産を生み出しているその源泉が〝自分〟であることを自覚している。たしかにそうした人は、いつまでも枯れない泉を保ち続けるために、**自分の健康への投資は欠かしませんね。**

トップ1％の人は、見えない未来に確信を持てる人です。

枯れない泉を保ち続けることが、自分自身の富を築くだけではなく、人生の生きがいにもなっているため、そこを維持することに出し惜しみはしません。

自らが先行投資を続けてきたことで、ビジネスや資産を作ってきた実感があるため、それを生み出す自分自身の将来のパフォーマンスを維持することも投資対象となるわけですね。

とはいえ「自分の身体、エネルギーへ投資する」という概念は、まだまだ日本のビジネス界では浸透していませんよね。

辻　はたから見て、とてもスゴい資産を持っている人や有名企業の社長でも「アンチエイジングにお金をかけて、いつまでも稼ぎ続けよう」という発想を持つ人は少ないかもしれません。実際に、自分の身体に対してはお金を使おうとしない。

では何に使うかといえば、それは「高級な家」であったり、「高級な車」「高級な時計」であったり……。

あるいは「会社を大きくすること」にお金をかけるなど、要は自分の**「承認欲求」を満たすための活動**です。

何がほしい、買えた、人に自慢できた……こうした、脳からドーパミンが出る一瞬の快楽のための欲求……いわばドーパミン欲求です。

もちろんそれは個人の価値観の問題であり、間違ったこと、悪いことだとは言えませんが。

保野　同じ承認欲求でも、真の富裕層は、欲求の満たし方が違うように思えます。自らの資産を削りながら満たすのではなく、資産を削ることなく、マネープランにも影響がない範囲で（世間が言う）散財をしているように見えるのです。
このような話をするときいつも、私は映画『マルサの女』で主人公と敵対していた権藤英樹（演・山﨑努）の台詞を思い出します。裏社会や政界に通じる経営者・権藤は、資産を作る考え方として、お金を貯めようと思ったら、まず使わないことが大切だと言います。また、貯蓄をコップの水にたとえ、コップに半分溜まった水はもちろん、いっぱいになった水でも飲まずに、あふれる水を飲んで我慢するくらいがいい、というようなことを言っています。

真の富裕層は、知識や経験に投資をし続けることで富を生み出せていると自覚していますし、自分の身体がいうことをきかなくなり、エネルギーが落ちて行動力や判断力が鈍ることが、すなわち引退を意味すると自覚しています。

ここが、嫌な仕事から一刻も早く逃げ出したい世のビジネスパーソンとの決定的な違いです。

自らの承認欲求は仕事を通じて満たされ、遊びはあふれ出る水が満たしてくれる。

自分の知識・経験・身体に投資することで、未来の自由を獲得できる。

このあたりのニュアンスが、読者に伝わることを私も願っています。

命を延ばすドクター　ＱＯＬを高めるドクター

保野　本書でたびたび触れている私たちのＱＯＬ。最近でこそよく耳にする言葉ですが、実際のところ、これまでの社会では、医療や老後を考える際にはあまり注目されてこなかったと思うのですが。

辻　それはハッキリ言って、アンチエイジング医療などの「ＱＯＬを扱うドクター」のふがいなさのせいだと思います。もちろん私を含めて。

どういうことかといえば、**病気を治して人の寿命を延ばすというドクターたちの頑張りに、ＱＯＬを高めるというドクターたちの頑張りが追いついていない**、ということだと思うんです。

かつて平均寿命が60代だとか70代だった頃……。「とにかく長寿こそめでたい」「孫の顔を見て死にたい」という一般の人たちのささやかな望みに対して、**ドクターたちの命題はとにかく「人の寿命を延ばすこと」**だったわけです。まさに「命こそがイノチ」の時代ですね。

ドクターたちは一生懸命努力して、病気と向き合い、平均寿命を延ばすことに成功しました。これはこれまでにも何度かお話ししてきたように、国民皆保険、健康診断や人間ドックの素晴らしい功績でもあります。

ではＱＯＬに関しては？

延びた寿命に対して、人々のＱＯＬは、果たして本当に満足のいくものになっているでしょうか？

保野　それは難しいところですね。一般の人々にも、**「自分のＱＯＬを考える」という習慣はないように感じます**。

辻　先人が作った長寿大国には、ＱＯＬの視点が欠けていた……その果てが現代の日本社会でしょう。

そしてこれが、大きな社会問題となっている。

たとえば、寝たきりや介護の問題。要介護になったときに、紙パンツを「1人ではける」かどうか……。そんなことを目指すのはあまりにも悲しすぎる。

もちろんQOLは人それぞれの価値観の問題ですが、**「紙パンツを1人ではけることが、高いQOLだと言えるでしょうか？**　自分のQOLをそのような低いレベルに設定する必要なんてないはずです。

保野　そのたとえはたしかに身につまされますね……。

辻　**「動く」「考える」「働く」「味わう」「遊ぶ」「夢を追う」「稼ぐ」**……私自身はこうしたことを自分の身体、自分の頭を使って自由にできるというレベルまでQOLを高めたいと思っています。

「シモの世話をかけない」だとか「自分でものを食べられる」だとか、そんなことで満足はしたくないんです。

保野　あらためて言われてみれば、その通りですね。

辻　医学の世界では、命に関わる科を**「メジャー（あるいはメジャー分野）」**、命に関わらない科を**「マイナー（あるいはマイナー分野）」**と言うことがあるんですよ。

これまではメジャーのドクターたちが人の寿命を延ばしてきました。

しかし老人大国となった今の日本では、ＱＯＬの問題を〝マイナーだから〟と放置していわけにはいきません。

寿命の延長に伴うＱＯＬの向上……ＱＯＬを寿命に追いつかせるというのは、私たちアンチエイジング医療に携わる人間に課された大きな命題です。

ＦＩＲＥか？「ワーク・イズ・ライフ」か？

俣野　ビジネスパーソンの生き方として、「ＦＩＲＥ（Financial Independence, Retire Early）」という概念が広がりを見せています。旧来の「早期リタイア」との違いは、ビジネスで成功したり遺産相続したりといった、一生暮らすのに困らないような億万長者になることが、必ずしもリタイアの前提にはなっていない点です。ＦＩＲＥでは、投資元本を蓄財し、運用益で生活できる目途が立った段階でリタイアするという考え方です。そこには、「1日も早くリタイアしてこそ」という極端な思想も見え隠れするように思う節もあるのですが、辻先生はＦＩＲＥについてはどう思われますか？

辻　私自身はシンプルに言ってしまえば「一生働いていたい」というタイプです。

ですから「ＦＩＲＥを目指す」という価値観は、よくわかりませんね。「一生働いていたい」というのは、「好きなことをしたまま死にたい」ということです。具体的に言えば、それは今の仕事、アンチエイジングの研究です。

人それぞれかもしれませんが、少なくとも私にとってはそれが「ＱＯＬの高い人生」というわけです。

したがって、自分の脳が物事を考えられないようになってしまったら……言い方は悪いかもしれませんが、それは自分にとって「死」そのものです。

医師がこんなことを言ってはいけないのかもしれませんが、もう「生きていても仕方がない」。研究をしたまま、死んでいきたいんです。

保野　「仕事と生活のバランスを取って、仕事だけではない幸せを手に入れよう」といった考え方の**「ワーク・ライフ・バランス」**という言葉がありますが、先生にとっては、いい意味での「仕事がすべて」、つまり**「ワーク・イズ・ライフ」**ということなんですね。

辻　そう言えるでしょうね。
もちろんこれは私個人の考えですが、そもそも「仕事」と「生活（プライベート）」の二元論でものを考えることはおすすめしませんね。
仕事の時間は人生の大半を占めるもの。その仕事が「つらいもの」であり、プライベートが「つらくないもの」という捉え方をしていては、人生そのものがほぼつらいものになってしまいますよね。
私の知る**トップ1%の人たちは、「仕事かプライベートか」という考えは持っていません。仕事に生きがいを見出し、その生きがいを保持したまま死にたい、つまり死ぬまで仕事をしていたい、と考える人がほとんど**です。

保野　金融テクノロジーという視点で考えれば、FIREは紛れもなく投資の「正解」の姿かもしれませんが、それと生きがい、QOLは一度切り離して考えたほうがいいでしょうね。
運用益、不労所得だけで生活できて、早く仕事を辞めてということは、言ってみればそれだけ**早く「老後」が訪れる**、ということでもあります。その**老後をどう過ごす**

かということが、本当はQOL、人の死生観に関わるとても重要なテーマなんですよね。先ほどの先生のお話のように、「シモの世話をかけない」ことで満足するのでは寂しい老後すぎる。

また、第3章で触れたように「ゆくゆくは高級老人ホームへ」というゴールがアーリーリタイアメントの先にあるものだとしたら、それもむなしいことでしょう。「ワーク・イズ・ライフ」という概念を、いま一度考えてみたいと思います。

「太く長く」という生き方は可能である

保野　辻先生と私を引き合わせてくれた荒木紳詞さんは、まさに世界中を飛び回る事業家で、典型的な〝ジェットセッター〟です。まさに「エネルギーに満ちあふれた」人物です。彼が先生と出会ったときのことを、こんなふうに語っていました。

「僕みたいなタイプの経営者は、先生との出会いはもう涙ものですよ。仕事が大好き。そのために頭も身体も酷使している……。でも、それが自分にとっての価値観だから悔いはない。『太く短く生きる』で、寿命が短くなることは覚悟して生きてきました。『それはある意味、仕方がない』と思ってね。でも、アンチエイジング医療っていうのは、エネルギッシュに『太く長く』の生き方を手に入れることができる！　もうね、人生観が変わった。感動のレベルが違うんです」

辻　そう、**多くの人は、人生は「太く短く」か「細く長く」のどちらか**だと考えてしまう。でも、彼もそうですが、トップ1％の人はまず「太く」、つまりエネルギー値を高く活動することは絶対に譲れないんです。

長生きすることにこだわっているということではなく、**太さに妥協せず、QOLを犠牲にせず、少しでも長く生きて活動したい**、というのがトップ1％の健康への考え方かもしれませんね。

保野　「なるべくおとなしく生きて、細くてもいいので、寝たきりになってもいいので、長生きが一番」という考え方ではないわけですね。

辻　もっと言えば、「『太く短く』の人生を望む」なんて人は、本当はいないんじゃないかな。

たとえば60代、70代、80代になっても、30代や40代のパフォーマンスで活動できていたとしたら？「人生、短くてもいい」なんて思わないはずです。

めちゃくちゃ元気、身体も丈夫。毎日最高のパフォーマンスで過ごせてお金を稼ぎ続けることができるのなら、「短い人生でいい」「もう死にたい」なんてことは誰も思わないはずですからね。

保野　「太く短く」か「細く長く」のどちらかの選択肢しかない……これも先生のおっしゃる**日本人の「バイアス」の話**なのかもしれませんね。

そして、この**「太く」生きることのポイントが、「気・能・美」の「気」、つまりエネルギー値だと。**

辻　そうですね。**エネルギーを作り出すことがすべてのスタート、アンチエイジング医療の一丁目一番地です。**

しかしこれも先に述べたように、ただ単に「エネルギーを作り出すNADのもとなるものを体内に入れる」ということでは意味がないのです。**ストレスなどによって生じる、エネルギーが漏れていく「穴」を塞ぐことをしないと意味がありません。**

保野　何だかお金の話にも似ていますね。

辻　お金を貯めて資産を形成するためには、当然「収入」だけではなく「支出」の面も考えなければなりませんよね。

エネルギーも同様で、インとアウトを同時並行で、戦略的にケアしていかなければならないのです。

また、資産を形成するにはなるべく早いうちから手を打つべき。これもエネルギーの話と似ていますね。

保野　そして、アウト……エネルギーの低下には必ず「前兆」がある、と。

辻　そうです。**集中力、発想力、持続力、観察力、洞察力の低下、そして「疲労」。**これは脳内エネルギーが低下して炎症を起こしているから。**炎症と酸化のはじまりはすべてエネルギーの欠乏が原因**と言っていいでしょう。

どれだけ早いうちに、こうしたちょっとした変化に気づくことができるかも、アンチエイジング医療のポイントです。

「最近、何だか疲れ気味」とか、「ちょっと今日は身体がしんどいなあ」とか、こうした不調を「よくあること」「そんな日もある」と片づけるのではなく、**「エネルギー不足による老化のはじまり」**だと捉えてみることが大切です。

「どうしても仕事にやる気が出ない」

それは精神論や思考法で何とかするような話ではなく、私から見ればかなり深刻なエネルギー不足の表れですね。

老化は人間の「セキュリティシステム」

保野　先生は日本のアンチエイジング医療の〝これから〟をどうお考えですか？

辻　これからますます進化、普及することは間違いないのではないでしょうか。

「エネルギーは治療することができる」という概念も、かつてはあまり知られていないことでしたが、今では多くの人がアンチエイジング医療で自分のエネルギー値を高めようとしています。

ビタミン、ミネラルという栄養素は昔からありましたが、**NADを作り出すためのNMN、そして活性酸素を除去するための水素など、ミトコンドリアの治療のためのピースが揃ってきた**んです。

新たな発見は今後も続いていくでしょう。治療のピースがたくさんあるということは本当に心強いことですよね。

俣野　とはいえ、現段階ではこうした治療の存在もまだ一般の人はよく知らない。あくまでも「トップ1%の人だけが知っている」真実なわけですね。

辻　第4章でもお話ししましたが、**エネルギーは身体の「修復」、つまり身体をリペアするために非常に重要**なのです。

ずっと自分で自分をリペアし続けることができれば、それは当然、いつまでも若々しく生きられる。リペアされた若い細胞のままでいることが、若さの維持と言い換えられるでしょう。

しかし、形あるものは必ずいつか壊れる。それは私たちの細胞だって例外ではありません。だから、そんなときのためにリペアという機能があるんです。

また、リペアのみならず、アポトーシス（細胞死）による「ダメ細胞の死」という機能もある。リペアできなかった細胞は自ら死んでくれるのです。

これらは人間の「セキュリティシステム」。そして**実は、「老化」もまた、セキュリ**

ティシステムの1つであるという見方もできるんです。

私たちの「ダメな細胞」は、細胞死ができなかった場合、がん化してがん細胞になるか、老化して老化細胞になるかの運命にあります。**ここで働く「がんになるくらいだったらおとなしくしていてくれ」というセキュリティシステム、それが老化＝老化細胞です。**

さらにセキュリティシステムは働き、今度は「免疫」というセキュリティが発動する。免疫細胞が悪い細胞を強制排除させるわけですね。

今話題の再生医療というのは、細胞のこうした動きの先にある **〝スクラップ＆ビルド〟**です。**セキュリティシステムでスクラップできなければ、再生医療も意味がない**、ということです。

しかし、先ほどもお話ししたように、ミトコンドリアの治療のためのピースは揃ってきました。

人間のセキュリティシステムに関する研究もますます進化するでしょう。

アンチエイジング医療は、日進月歩なのです。

「老後資金」という呪縛

保野　話を「お金」というファクターに戻しましょう。

２０１９年、「老後２０００万円問題」という言葉がメディアを賑わせました。

金融庁の審議会による「高齢社会における資産形成・管理」という報告書の内容に端を発したものです。

簡単に言ってしまえば、「年金受給世代である高齢夫婦が平均寿命まで平均的な生活をするには平均２０００万円程度必要ですよ」「でもこれって年金じゃまかないきれないから、国民のみなさんは貯蓄とか資産運用とかの自助努力で何とかしてね」という呼びかけです。

そもそも、老後の資金は生活レベルなどによって人それぞれ。

実際に、総務省の家計調査に基づくと、「老後２０００万円問題」が取り沙汰された２０１７年当時のシミュレーションでは、高齢夫婦無職世帯（夫65歳以上、妻60歳以上）は老後30年間で約２０００万円の不足ということでしたが、２０２０年のデータによると、それが55万円まで縮小されました。

これは、コロナ禍で給付金が配られたことや、多くの人が外出できずに消費が停滞したことが主要因と言われています。

こうして、本人の希望や社会情勢などが絡み合うため、そもそも一概に「これだけ必要」とは言えないものです。

しかし、こうして具体的な数字が出てきたことから、老後に不安を感じる人が増えたのも事実でしょう。

前作『トップ１％の人だけが知っている「最高のマネープラン」』（日本経済新聞出版、２０１９年）では、時代の変化に負けない「お金の設計図づくり」を解説しました。

そして今、辻先生との出会いによって、**「自分の身体＝健康に対する投資」という概念が、老後資金を考える場合にも非常に重要だ**ということがわかりました。

辻　**「生涯現役で、死ぬまで自分の力でお金を生み出す」**

「お金の源泉を持ち続ける」

この考えをあきらめてしまうのは、とてももったいないことだと思います。

「健康でさえあれば何とかなる」

「自分で考え、動けているのならばお金の心配はない」

楽観的かもしれませんが、**トップ1%の人たちはそのような考え……ある意味で自信を持っていて、また、そのためにしっかり投資をしている**ということでしょう。


保野　日本人の年配者にはその発想というか、自分の能力への自信が足りないのかもしれませんね。

終身雇用が前提。

定年になったら退職金をもらい引退、あとは年金生活で働かずに老後を過ごす……という、かつてのいわば「昭和の理想パターン」の刷り込みも強いのでしょう。

辻　たしかに**海外のビジネスパーソン、日本でも外資系企業に勤めるビジネスパー**

ソンは、「自分で稼ぐ」「自分が商品」という意識がとても強いかもしれません。

私のクライアントには外資系企業勤務のビジネスパーソンも多いのですが、彼ら彼女らは当然、誰もが終身雇用などとは考えておらず、常にキャリアアップを目指しています。

商品としての自分に大きな価値を持たせるため、いつでも最高のパフォーマンスを発揮できるよう、健康への投資を惜しまないのです。

それによってビジネスにおける**大きな「リターン」があること**を、よくわかっているんですね。

俣野　なるほど。**日本人の多くは「健康への投資」をあまりにも軽視**しているように感じます。

これからの時代は、**「リタイアに備えたマネープランを実現させること」「リタイアしなくてもいい健康体を維持すること」**……この両方を同時に確立することが、理想だと思います。

辻　ビジネスパーソンはよく「自己投資」という言葉を使いますが、たとえば「もっと良い服を着よう」だとか「一流のものを身につけよう」だとか、あるいは「食事は高級料理店に行ったほうがいい」などというものは、私からすれば単に承認欲求、ドーパミン欲求を満たすようなことです。

本当の意味での自己投資とは、やはり自分が「最高のパフォーマンス」を発揮するための投資だと、私は思うんですね。

トップ1%の健康ポートフォリオ

俣野　トップ1%の人たちにとって、自分の健康への投資がいかに大切なものかがよくわかりました。

金融投資の世界には「ポートフォリオ（投資先の分散）」という考え方があります。たとえばその人の年齢や性別、本業、家庭環境、相続、将来のライフプランに合わせて投資先を決める。

株式や債券にどれくらい、不動産にどれくらい、暗号資産（仮想通貨）にどれくらいお金を投資するか……といったものです。

その中に、**「お金を生み出す源泉」としての「自分」への投資、健康投資というのも組み込むべきですね。**

辻　金融商品への投資と健康投資あるいは知識・経験などを積む自己投資の違いは、金融商品への投資は要するに「お金を生み出すための投資」である点ですよね。

もちろん、**健康投資も「お金を生み出す源泉としての自分」への投資**だから、同じことのように捉えられがちですが、**QOLを考えた場合に大切なのは、「生み出したお金を何に使うか」ということ**だと思うんですよ。

保野　なるほど、ポートフォリオも2段階ある、と。**「第1ポートフォリオ」が老後の生活を守るための投資で、「第2ポートフォリオ」がQOLを高めるための投資。両方が必要ということ**ですね。

つまり、生きていくうえで安心感を得るための「生活費」を確保するのが、第1ポートフォリオ。

それに加え、自分の望む人生を謳歌するための「ゆとり費」を確保するのが第2ポートフォリオ。

辻　たとえば先ほど話に出たFIREなんかは、第1ポートフォリオの段階で目指すようなゴールかもしれません。

不労所得で、働かずとも生活できるという安心を得る。

しかし**第2ポートフォリオを求めるトップ1%は、そのお金であらためて新しいポートフォリオを組んで、より豊かな生活をする**。


保野　たしかに、トップ1%の人たちとそれ以外の人たちでは、「豊かさとは何か」というQOLの考え方に違いがあるように思います。

私がFIREを説明する際に用いるのが、次の図表18です。FIREは本来、リタイアできる状態を目指す活動で、資産収入を活用し、「働かずにどう『生活費』を満たすか」を考えるもの。しかし私はここに、QOLを高めるための「ゆとり費」の存在も必要だと思います。

つまり、第2ポートフォリオのゆとり費をどう満たすかによって、人それぞれ生き方に違いが生まれるということです。

では、トップ1%の人たちはどうかと言えば、**この分類を超越している**ように見えます。

図表18 4種類のFIRE思考（第2ポートフォリオによる違い）

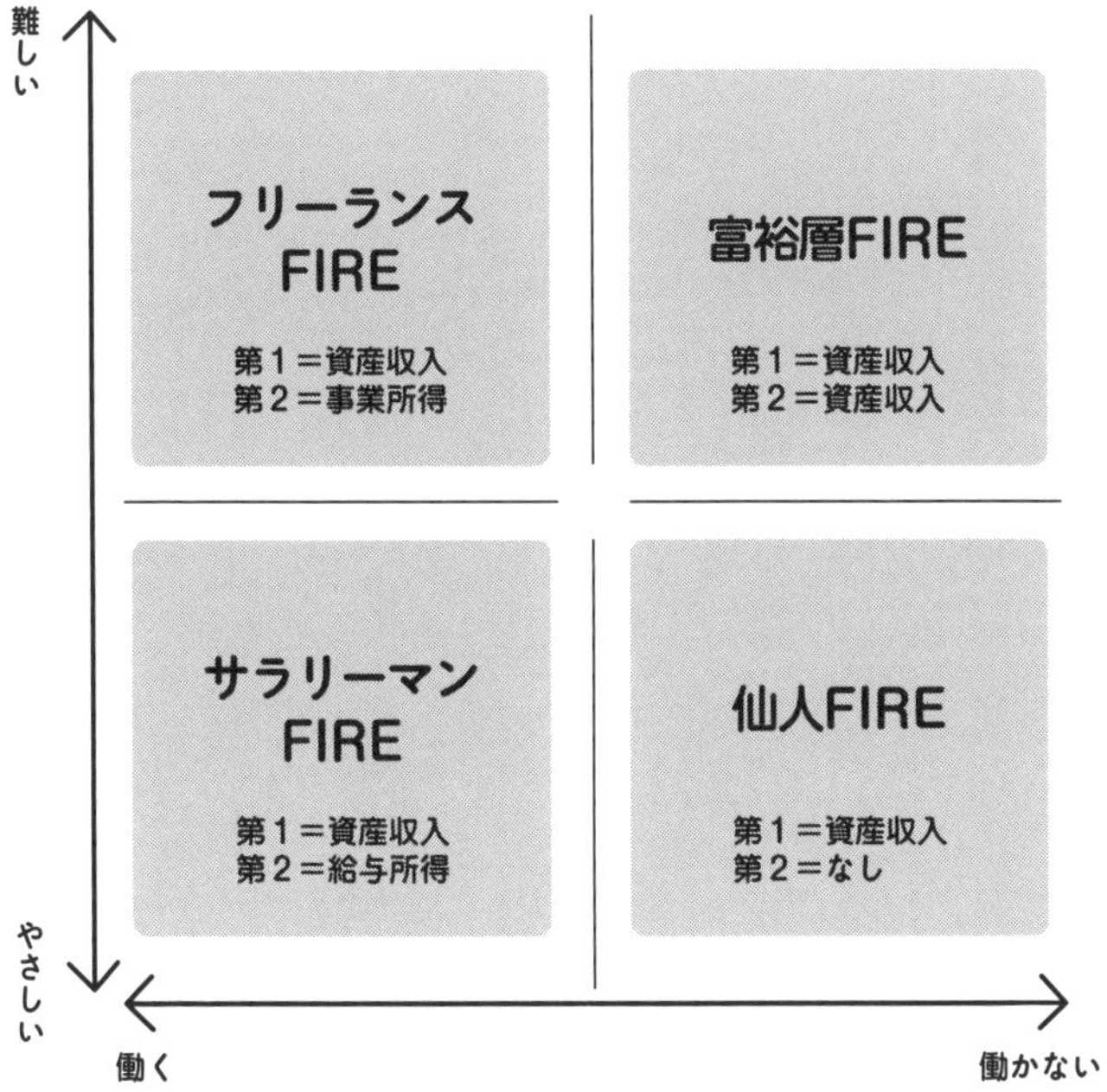

富裕層FIRE … 生活費もゆとり費も資産がもたらす。庶民の憧れ。

仙人FIRE … ゆとり費ゼロで生活を切り詰める。働かないことが正義。

フリーランスFIRE … ゆとり費は個人事業がもたらす。サラリーマン卒業後としても◎。

サラリーマンFIRE … ゆとり費は給与所得がもたらす。雇用の特性上、「定年後はどうするか？」が課題。

※第1ポートフォリオ（生活費）　第2ポートフォリオ（ゆとり費）

出所：著者（保野成敏）作成

というのも、富裕層ＦＩＲＥ（第１ポートフォリオの生活費も第２ポートフォリオのゆとり費も資産がもたらす）ができる状態になったからといってリタイアせずに、その後も何かしらの活動をしている人が多いように思います。

ＦＩＲＥできる資産を作ることと、実際にリタイアすることは別次元というわけです。

これは、必ずしもお金になるかならないかだけの次元ではなく、心置きなくやりたいことができるという感覚に近いのかもしれません。

ただし、これも言うまでもないことですが、やりがいを持った仕事をいつまでも続けていくためには、エネルギーにあふれ、自分でコントロールできる身体が必要です。

したがって、健康への投資＝エネルギー投資は必須。それも**できるだけ早い段階から取り組むことで、将来的により大きなリターンが見込める**わけです。

辻　そのへんは金融投資と似ているかもしれませんね。

短期ではなく長期でものを見る。疲れたからといって決して栄養ドリンクでごまかすのではなく、それを老化の前兆と察知し、手を打とうとする。

実際に、好きな仕事を最後までやり続けようとする人は、健康投資のタイミングも早いように感じます。

エネルギーの治療は早ければ早いほどいい。これは事実なんです。

落ちたエネルギーを一生懸命上げようとするよりも、若いエネルギーを下げないようにするほうが、よほど楽ですからね。

日本のお金持ちには、第1ポートフォリオで稼いだお金でまた別の金融商品に投資して、さらにお金を増やすことを目指す人が多いような気がしますね。

要は、QOLが一向に上がらず、寝たきり、要介護。

でもお金はある。

そしてめちゃくちゃお金を持ったまま死んでいく……というパターンは結構多いと聞きます。

保野　これまでのお話で次のような**「トップ1%のQOLの考え方」**というものが何となく見えてきたようです。

トップ1％のＱＯＬの考え方

・お金を生み出す源泉は自分
・知識、経験、健康に投資する
・「ワーク・ライフ・バランス」ではなく、「ワーク・イズ・ライフ」
・お金はもちろん、生きがいもないがしろにしない
・「太く長く」を目指す
・ＱＯＬは人生の最後まで追求する
・第2ポートフォリオを考える
・健康診断や人間ドックはＱＯＬを上げるものではない
・「病気ではない」＝「健康だ」とは考えない
・短期的な解決策に走らずに、長期的な積み上げに着目
・最高の老後は「生涯現役」

ＱＯＬの高い老後を、私も実現させたいと思います。

〝人生最後の10年〟をあなたはどう生きるか？

保野　今の時代は「人生100年時代」などといわれ、私たちは〝100歳まで生きる〟可能性を前提に、人生を考えていかなければなりませんね。

辻　そう、国民皆保険の制度のおかげで、日本人は昔では考えられないくらい長生きできるようになったわけです。

この事実そのものは決して悪いことではありません。

ただ、これはトップ1％の人たちに限らず、**「どうせ人生100年時代ならば、どうせ長生きしてしまうのならば、高いQOLのままに晩年を過ごそう」**と考え、対策を講じたほうがいいのでは？　ということです。

内臓がそこそこ悪くなっても、簡単には死なない。

骨や歯が弱くなっても、簡単には死なない。

見た目がヨボヨボでも、簡単には死なない。

そして、脳の働きが衰え、自分で自分が何をしているのかさえわからなくなっても、それでも生きながらえてしまう時代。

ＱＯＬ云々とは関係なく、**否が応でも生命は維持されてしまう**。ＱＯＬの維持は、〝自分で何とかするしかない〟のです。

当たり前のことですが、「死」はすべての人に必ず訪れます。

ならば、晩年……もっと具体的に言うならば〝人生最後の10年〟をどう過ごすかを、強く意識するべきでしょう。

保野　それが「健康への投資、エネルギーへの投資」ということですね。

辻　年齢を重ねて、気・能・美の「美」、つまり美容に関しての投資に熱心な人はわりと多いことでしょう。
しかし、エネルギーや若々しさの根本に対する投資は、それこそトップ１％の人たちくらいしか積極的に行ってはいないはずです。

本書でもお話ししましたが、**「エネルギーは治療できる」**のです。

そもそもその事実を知らず、エネルギーの低下はどうしようもないものだとあきらめている人がほとんどではないでしょうか。

保野 投資の割合があまりにもアンバランスになっているわけですね。

辻 ほとんどの人がエネルギー感というものに着目していない、ないがしろにしすぎている、と思いますね。

肌の衰え、視力の衰え、筋力の衰え、あるいは「病気」であるか否かということは、目に見えるわかりやすいものです。

とはいえ、「無理が利かない」「何となく身体のキレが悪くなった」といったことも、エネルギーの低下、すなわち老化にほかなりません。

トップ1%の人たちは、ここに着目しています。

「以前と同じようなパフォーマンスを発揮できない」……それは彼ら彼女らにとって

は、文字どおり**死活問題**なのです。

私は、一人ひとりが「老化のバロメーター」として、エネルギー感というものにもっと着目すべきだと思います。

これまではそれこそ「仕方のないもの、コントロールできないもの」とされてきたエネルギーの低下が、今は治療できるもの、投資対象となるものである、ということを、1人でも多くの人に認知していただきたいのです。10年前と比べても、今のアンチエイジング医療は大きく進歩しているのですから。


保野　先ほど先生がおっしゃった、晩年の〝人生最後の10年〟ということについて言えば、これまでは「早いうちからしっかり資産を作り、経験を積み、勉強して知識を蓄えれば、幸せな晩年が過ごせる」という概念はわりとあったと思います。

しかしこれまでのお話から、この本の読者の方には、そこに「健康」「エネルギー感」という新しい概念、**「トップ1％の投資先」**を知っていただきたいですね。

もちろん健康投資のためにお金を用意することは重要です。

そのための施策も当然考えなければなりません。

いくら潤沢な「老後資金」を用意しても、それがQOLの低い日々に費やされるのでは、あまりにも悲しいですからね。

おわりに

私が院長を務める「医療法人社団医献会　辻クリニック」を東京都千代田区麹町に開業してから（２０２４年９月現在）、約20年が経ちました。当院は開業当初から一貫して、「クライアントのＱＯＬを高めること」をミッションに、最先端医療の治療を行っています。２０２４年11月には、東京都港区虎ノ門の神谷町プレイスへ「辻クリニック」を移転し、クライアントのＱＯＬをさらに高め続けられるよう、日々、真摯な治療を行ってまいります。

医学に携わっている中で何より驚かされるのは、人間の身体の素晴らしいメカニズムです。

傷んだ細胞を修復する。いらない細胞を自ら死なせようとする、追い出す。細胞を再生させる。

そして、細胞が身体を動かすエネルギーを産生する。

本書ではさらっと触れた程度のこれらのメカニズムですが、あらためて考えればまさに**〝神秘〟や〝奇跡の産物〟と言えるもの**かもしれません。医療活動を続ければ続けるほどに、その素晴らしさに驚くばかりです。

とはいえ、私たち医師も、人間の身体の研究には余念がありません。医学の世界は日進月歩。日々多くの研究者の努力により、さまざまな発見がなされ、医療技術は進化しています。

アンチエイジング医療の分野も例外ではありません。これまではエビデンスの不足などで満足のいく成果が出ていなかった老化への取り組みが、新たな発見と開発……さまざまな「パーツが揃った」ことによって、多彩なアプローチが可能になっています。

「いつまでも若々しく、エネルギッシュに」

「死ぬまで頭と身体を使い、自分で自分をコントロールしていたい」

人々のそのような願いも、やがてはさらにハードルの低いものになっていることでしょう。

そこで考えたいのが、**自分がいかに生き、いかに死ぬか？**ということではないでしょうか。

たとえ不老不死の身体を手に入れることができたとしても、無為に、〝ただ生きながらえている〟〝ただ年齢を重ねている〟というだけでは、何の意味もありません。

私のクリニックを訪れるさまざまな分野の「トップ1％」。

70歳を過ぎてもなお、ビジネスの拡大によって社会貢献を図ろうとする企業家。

80歳を過ぎてもなお、自身の技術を磨き、向上を目指す職人。

富の大小ではなく、こうした**「（何かを）追い求めている人」「そのために自身のパフォーマンスを最大限維持しようとしている人」こそが、結果「いつまでも若々しく、エネルギッシュな」人生を送る**のではないでしょうか。

僭越《せんえつ》ながら私自身も、人の命のメカニズム、人体の神秘、そしてＱＯＬの高い人生というものをひたすら追求し続け、新たな知見を得ることにワクワクする毎日を過ごしていきたい。

そして夢を追い続けたまま死んでいきたいと考えています。

前述のように、医学の世界は日進月歩です。本書でお話しした内容も、「かつての常識」となる日が訪れるかもしれません。

そういった意味では**「○○にはコレが効く」「××するためにはこうしたらいい」という断言も、鵜呑みにしないほうがいい**でしょう。

特に、一般の人でも容易に手にすることができる医薬品やサプリメントには注意が必要です。

また、当たり前のことですが、人の身体は千差万別。1000人いればそこには〝1000通りの神秘〟が存在するのです。

「本当にその人に合った医療」を提供するのが、私たち医師の役割。検査などによる対象者のパーソナリティに対する徹底したアプローチを肝に銘じている次第です。

医療技術をはじめとしてさまざまなものが進化していく。

去年の常識が、来年は覆っているかもしれない。

そんな世の中でも、**あなたが「こうありたい」「こう生きて、こう死にたい」と思う気持ち、追い求める何かを、変える必要はありません。**

そして、その気持ちの実現が、アンチエイジング医療の存在意義だとも考えています。

「老後はおとなしく」

「やがては寝たきりになる身。どうせならなるべく迷惑をかけないように」

など、自分の老後を一般的なかたちに合わせる必要はありません。

「いつまでも若々しく、エネルギッシュに」

その願いを叶えるため、私も日々研鑽していきたいと思います。

2024年8月

辻 直樹

Special Thanks

（敬称略）

サーチュインクリニック大阪
院長 **鈴木 嘉洋**

サーチュインクリニック東京【2025年１月から開業予定】
院長 **高田 秀実**

辻クリニック京都
院長 **森 紀子**
医師 **齊 龍駒**

荒木 紳詞

【著者紹介】

保野成敏（またの・なるとし）
投資家、ビジネス書作家

リストラと同時に公募されたCITIZENの社内ベンチャー制度で一念発起。年商14億円の企業に育てる。33歳で東証一部（当時）上場グループ約130社の現役最年少の役員に抜擢され、40歳で本社召還、史上最年少の上級顧問に就任。2012年独立。ビジネスオーナーや投資家、ビジネス書作家として活動。「仕事術」「お金」「コンディション」「副業」など多分野で10万部超えを３度達成。著書累計は50万部に。『まぐまぐ大賞』を７年連続受賞。

主な著書・共著に『トップ１％の人だけが知っている「お金の真実」』（日本経済新聞出版）、『プロフェッショナルサラリーマン』（小学館文庫）、『一流の人はなぜそこまで、コンディションにこだわるのか？』（日経ビジネス人文庫）などがある。

保野成敏　公式サイト
https://www.matano.asia/

【著者紹介】

辻直樹（つじ・なおき）

医療法人社団 医献会 理事長
一般社団法人 臨床水素治療研究会 代表理事

獨協医科大学卒業後、東京女子医科大学病院救命救急センター、同第２病院スポーツ整形外科を経て、千代田区に医療法人社団医献会辻クリニックを開業。抗酸化のための水素治療をいち早く臨床に取り入れ、「細胞治療」の専門医として、疲労回復、アンチエイジングの予防治療を行っている。トップ経営者、政治家をはじめ、世界で活躍するトップアスリート、トップアーティストなど、錚々たるハイパフォーマーがクライアントに名を連ねる。

辻クリニック
https://tsuji-c.jp/
東京都千代田区麹町６丁目６－１ 長尾ビル８階
TEL:03-3221-2551

2024年11月から「辻クリニック東京Advanced Aging Labo」として下記へ移転予定。
東京都港区虎ノ門５丁目３－３ 神谷町プレイス２階（麻布台ヒルズガーデンプラザＡ隣）
TEL:03-6435-7466

●ブックデザイン・DTP
二ノ宮 匡（nixinc）

●編集スタッフ
堀内 剛
中西 謡
和栗牧子

●校正
ディクション株式会社

トップ1%の人だけが知っている
「若返りの真実」

2024年9月18日　1版1刷

著　者　**辻直樹　俣野成敏**

発行者　中川ヒロミ
発行所　株式会社日経BP
日本経済新聞出版
発　売　株式会社日経BP マーケティング
〒105-8308　東京都港区虎ノ門4-3-12

印刷・製本　中央精版印刷株式会社

ISBN 978-4-296-12238-7　Printed in Japan

本書籍に関するお問い合わせ、ご連絡は下記にて承ります。
https://nkbp.jp/booksQA

読者のみなさまへ
2大プレゼント

＼プレゼント その1／

著者・辻直樹の特別講演 録画視聴権

（約90分）

滅多に外部講演をしない著者の貴重な映像を無料でご視聴いただけます。

＼プレゼント その2／

特別対談　著者・俣野成敏 × 荒木紳詞 録画視聴権

（約60分）

テーマ：「トップ1％は、なぜポートフォリオに医療をいれるのか？」

著者・俣野成敏、及び、本書の協力者・荒木紳詞さんの撮り下ろし対談録画です。事業家でもあり、投資家でもある二人が、健康投資をする真意や方法論を語り合います。

いますぐ下記URLにアクセスして、読者特典のプレゼントを受け取ってください。
予告なく、配布の終了、または内容変更する場合がございます。
このチャンスをお見逃しなく！

《特典ダウンロードURL》
https://www.matano.asia/sirtuin